JN065808

読みなおす日本史

餅と日本人

「餅正月」と「餅なし正月」の民俗文化論

安室 知

吉川弘文館

目　次

Ⅱ　餅なし正月をめぐって

まえがき

まだ記憶に新しい出来事として、一九九三年の米の不作を覚えている人は多いであろう。一説によるとそれは天明の大飢饉にも匹敵する不作であったとされる。たしかに日本国内の米の生産量は需要を割り込み、タイやアメリカといった国々から米の緊急輸入が行われた。そのときはじめてインディカ種の米を口にしたという人も多いのではなかろうか。

かつて、民俗学者の柳田国男は、日本人が米を常食するようになった時点で日本は米の文化から離れ新たな文化段階へと進んだことを示した（柳田、一九四〇）。柳田の言に従えば、もはや日本は米の文化にはない。たしかに、現代は、米に対する関心は他の産業に比べると低く、かつての面影はなくなった。それが、幸か不幸か不作を機に米に関する話題は連日のようにマスコミを賑わせ、果ては米泥棒のニュースまで耳にするにいたった。九三年という年は日本人が久しぶりに国を挙げて米に関心を示した年であったといえよう。

それはともかくとして、このとき久しぶりに「外米」という言葉を耳にした。このとき、日本人にとってあまり良い思い出のない「外米」とされたのは、アメリカやオーストラリアから輸入されたジャポニカ種ではなく、主にタイからやってきたインディカ種であった。印象的であったのは、この「外米」と呼ばれるインディカ種の米を口にした人々が一様にその不味さをいい、日本の米（ジャポニカ種）のうまさを口にしていたことである。

インディカ種の米が日本の米に比べて美味しくないとする理由のトップが、その食味がぱさぱさとした点であった。味覚は優れて文化的なものである。何を美味しいと感じ何を不味いとするかは、その民族が培った文化そのものであるといえるが、あらためて日本人が粘り気のある米が好きなことを印象づけられることになった。

ここ二〇年ほどの間に、世界的視野に立ったモチ文化の研究が進展した。照葉樹林文化論と呼応しながら、中尾佐助・阪本寧男・渡部忠世・佐々木高明・石毛直道・周達生といった農学者・人類学者により刺激的な研究成果が次々に上げられている。しかも近年そうした内容をわかりやすく解説した本の出版が相次いでいる（阪本、一九八九・渡部・深澤、一九九八）。そうした研究の成果として、日本を含む東アジアの照葉樹林地帯には、モチ文化圏（阪本、一九八九）と呼びうるものが形成され、そこではモチに代表される粘り気があり〝もちもち〟とした食感を持つ食物に対する強い嗜好があることが明らかにされた。

しかし、いったん日本に目を向けたとき、そうしたここ二〇年の進展に対応するかたちで調査研究がなされてきたかといえば、そうではない。農学・人類学上の研究成果は、ある意味で今まで歴史学・民俗学で行われてきた研究におけるモチそれ自体の前提条件を変えてしまったものであり、当然それに呼応して歴史学・民俗学の研究も修正されなくてはならない時期にきているといえよう。民俗学では、もう少し丹念にフィールドワークを行うことによって、まだまだ多くのことがわかってくることと思う。とくに一般の人々の視点からモチ文化を論じるには民俗学の手法は有効であろう。本書では、農学・人類学の最近の研究成果に刺激を受けつつ、聞き取りを中心としたフィールドワークによって得た民俗資料を駆使して論を展開していくことにする。

以下、はじめに、モチの語・語源・民俗分類について、それぞれ簡単に概観しておく。

○モチの語

モチは、日本語では、漢字で表記すると、餅・糯・黐が当たる。

日本では、後に示すように、餅と表記した場合、それはモチ性の穀類を調製した食物およびそれに準じた食感を持つものを指す。しかし、中国では、餅の語は、たとえば「月餅」や「餅干」（ビスケット・クラッカー）のように、小麦粉を使って作った食物を意味している。篠田統によると、小麦粉製品を意味する「餅」に対して、「餌」はコムギ以外の穀物の粉で作った食物を指し、日本で一般にいうモチ米を搗いて作る餅は中国語では「餈」の文字が当てられる（篠田、一九七〇）。ちなみに、日本語の「餈」は、シトギを意味する。

糯は、粳（ウルチ）に対する語で、モチ性を持った穀物を指す。当然、米に限らず、アワ・キビ・

モロコシ・トウモロコシ・オオムギ・ハトムギにもそれは存在する。

黐は、モチノキから採取される粘性の強い物質で、鳥もちとして鳥など小動物を捕獲するために使われる。通常、黐を人が食べることはない。

なお、本書では、基本的に「モチ」とカタカナ書きした場合は、その作物の性質としてのモチ性を意味する。それに対して、「餅」と漢字表記した場合には、モチ性穀物を調製した食物を指すこととする。ただし、たとえば長野県のヤキモチや秋田県のゴヘイモチのように、民俗名称（方名）として用いる場合は、前記の基準には従わず、民俗用語であることを示すためにカタカナ書きにした。

○モチの語源

モチは古くはモチイと呼ばれていた。承平年間（九三一〜九三八）に成立した『和名類聚抄』（馬渕、一九七三）には「毛知比（もちひ）」とでてくる。元禄一〇年（一六九七）に書かれた『本朝食鑑』（島田、一九七六）では「餅　毛知（もち）と訓（よ）む　昔は毛知比と訓んだ」とあり、少なくとも一七世紀には現在のようにモチと呼ばれるようになっていたことがわかる。さらにモチイの語源をたどると、それはモチイイ（糯飯）に行き着くとされる。また、平安時代の宮中における女房詞ではモチはカチンと呼ばれるが、それはカチイイ（搗ち飯）からきた言葉である（松下、一九九一）。

モチは満月を意味する望月に通じるともされる。餅の形がもとは鏡餅のように丸く作られることが多かったためである。ただし、この説には裏付けとなる資料が乏しく、望月の望がモチの音と同じであることに引きつけて類推されたものであるといわざるをえない。

また、柳田国男は、家に共有される他の食物と違って、餅は唯一個人に所有されるものであったことに注目し、「モチ」の語は「モツ」という動詞に由来すると考えた（柳田、一九三六c）。この説についても裏付けとなる資料はない。

西表島など南西諸島では粘り気のことをムチミという（山田、一九九二）が、ムチミとはつまり餅味のことであろう。つまり南西諸島では粘り気を示す言葉がまさにモチに代表されているということができる。モチ（餅）とムチ（粘り）とが同義であるとするなら、まさにモチの語源は粘り気を意味する言葉にあるといえるのではなかろうか。

○餅の民俗分類

餅というのは、なにもモチ米で作るものだけに限らない。かつては、米のほかにも、雑穀で作る餅が数多くあった。とくにアワやキビの餅は、昭和期に入っても、正月や雛祭りなどのハレの時に、米の餅とともに必ずといってよいほどに作られていた。

さらにいうと、アワ・キビ・モロコシ・トウモロコシ・オオムギ・ハトムギといったモチ性の品種を有する穀物だけでなく、民俗世界においては餅として扱われる食物が多数存在する。たとえば、ヒエについては農学上はモチ種は存在しないとされるが、山間の農村部ではヒエ餅を作ったとするところは多いし、民俗品種としてモチビエを伝承するところもある。また、コムギについても農学上はモチ種は存在しないが、やはり小麦粉を練ってから餡を入れ蒸したり焼いたりした食物を指して「○○モチ」と称するところは多い。

つまり、民俗世界におけるモチは、農学で明らかにされたモチよりも、明らかに広い範囲にわたっている。しかも、それは今なおその範囲を広げつつある。モチ柿・モチ大豆などの作物から、モチ豚のような肉類まで、またさらにはモチうどん・モチ羊羹・モチチョコといった加工食品にいたるまで、モチをその名称に冠した食物が登場してきている。

これらの新たなモチ食品は、それまでその食物には備わっていなかった粘り気のある食感を得たとき、それを象徴するための商品名としてつけられたものがほとんどである。そうした民俗世界におけるモチ概念の拡大傾向は、実際のモチ種の開発をはるかに凌駕するスピードと範囲で進んでいる。このことはモチに関するひとつの民俗的特徴を示している。

以下、餅の民俗分類試案を示す。なお、これについてはあらためて論じるつもりでおり、ここで提示するのはあくまでも、これから本書を読んでいただく上で必要な部分のみである。

民俗世界における餅は、以下に示すとおり、大きく二つに分類される。

①モチ性を備えた穀物で作るもの

コメ・アワ・オオムギ・ハトムギ・キビ・モロコシ・トウモロコシには、モチ性の品種が存在する（阪本、一九八九）。そうしたモチ性品種の穀物を用いて作る餅をさす。こうした餅はさらに二つに分けられる。ひとつは、モチ性を備えた穀物を主材として搗いたりこねたりして作る餅である。米の餅やアワ餅がそれに当たる。そして、もうひとつが、本来粘性のないものに一定量のモチ性穀物を混ぜてから調製する餅である。その場合も、「〇〇モチ」と称されることが多い。つまりモチ性穀物がつなぎとして使われる場合である。モチ米やモチアワにトチの実を混ぜてから搗いて作るトチ餅はその典型である。こうしたモチ性を備えた穀物によって作られる餅の場合、歴史的展開として、日本人の生業が稲作へ特化していくとともに、餅もモチ米によるものに単一化されていったと考えられる。

②モチ性は備えないが餅のような食感を持ったもの

日本には、そのもの自体はモチ性を備えないが、一定の調製を経て食品となった時点で、「〇〇モチ」と呼ばれるものが多くある。そうした〝もちもち〟とした食感の獲得には三つの方法がある。ひとつはサトイモのように、そのもの自体が餅のような食感を備えているものを用いて作る場合である。イモモチなどがそれに当たる。二番目としては、いったん製粉し、それをさまざまに加熱調理することで、〝もちもち〟とした食感を出すものである。これは製粉技術とくに石臼の普及を機に大きく発達した方法である。ソバ・コムギ・米（ウルチ）・ヒエなどをいったん粉に碾いてから、それを水や湯でこねて作る。とくに農学上はモチ種がないとされるコムギの場合には、こねることによってグルテンが形成されるため、そうした〝もちもち〟感は強くなる。さらに煮たり蒸したりという調理方法にも、食物の〝もちもち〟感をより増大させる意味があったことがわかる。各地に伝わるヤキモチ

（オヤキ）がその代表である。そして、三番目が、水に晒したりして澱粉だけを取りだしてから、それを用いて調製される餅である。クズ餅やワラビ餅などがそれに当たる。

序論　民俗学者が餅の向こうにみたもの
柳田国男と坪井洋文

1　二人の民俗学者

ここに、二人の民俗学者がいる。柳田国男と坪井洋文。ともに餅を切り口に日本の民俗文化を鋭く描いた研究者である。餅をめぐる二人の研究は、歴史学・人類学・考古学といった人文諸科学にとどまらず、農学や植物学といった自然科学分野にも大きな影響を与えながら独特の展開を示した。

柳田国男は、日本の民俗学を構築した人物として知られるが、少壮の頃の農政学に始まり晩年の稲作史研究会の旗揚げにいたるまで、その耳目は常に日本の民俗文化形成と稲作との関わりに向けられていたといってよい。

そうした柳田により構築された民俗学が日本の学会において一定の地位を占めるようになったとき、柳田の民俗学を稲作単一文化論と批判して登場したのが坪井洋文である。筆者は柳田民俗学を稲作単一文化論とみることには異論があるが、坪井の指摘はむしろ柳田以降の研究者に向けられたものと受け取るなら共感するところは大である。

柳田の場合、初期の農政学関連の文章を読むと、まずは経済的に日本にとってその時点でもっとも大きな意味を持っていた稲作に焦点を当てて研究を進めるべきであるとしており、その行く先には畑作や漁撈そして商業経済までも射程に捉えていたことがわかる（柳田、一九〇三）。つまり、「まずは稲作から」という研究スタンスを取ったのが柳田であったといえよう。

坪井自身も、民俗学における柳田国男の稲作文化研究に果たした役割の大きさは十分に理解していたであろう。坪井が柳田晩年の著作『海上の道』（柳田、一九六一）以降、稲作文化の研究はまったく進んでいないと明言してはばからないのは、まさに柳田の研究を最大限評価してのことであると考えられる。

しかし、そうした二人の研究姿勢は対照的であった。詳しくは後に述べるが、農政学から出発した柳田が、真正面から稲作文化を研究対象としたのに対して、坪井はまったく正反対の方法で逆説的に稲作文化を極めようとした。坪井は、ことさらに畑作文化を強調することで、稲作文化を日本民俗文化の中に相対化して捉えようとした。

そうした二人の対照的な稲作文化研究に対する姿勢は、まさに餅をめぐる言説に象徴される。柳田は餅を重視しその意義を民俗文化のなかに積極的に位置づけていったのに対して、坪井は餅を拒否（禁忌）する人々および習俗に注目し民俗文化を読み解こうとしたのである。

2　柳田国男のユニークな餅論

柳田の関心は、餅を通して、日本人の神観念および家意識と結びついている。家と神と米のトライアングルが柳田民俗学の根幹にあることは有名であるが、その三者を結びつけるものがまさにネバネバとした餅であったことは洒落ではない。柳田のあまりに突飛な発想といわれる鏡餅の形が心臓を擬したものであるとする説も、その当否は別にして、そうした家・神・米のトライアングルで考えると妙に説得力のある魅力的な論として反論する気を失せさせる。

もう少し具体的に、餅を柳田がどのように捉えていたかを整理してみると、そこには以下に示す七つの視点があった。これら七つの視点はそれぞれが関連しあい、総体として先のトライアングルを形成する論理を提示している。

①餅に宿るもの……………年神・祖霊・田の神
②餅の形……………………心臓と霊魂
③餅の所有…………………唯一の私有物
④餅の場……………………生命の更新と神人共食
⑤餅の来歴…………………シトギから餅へ

シーラ〈稲霊が宿るとされる稲積〉
（沖縄県石垣島）

⑥餅の造形……………自由な可塑性
⑦餅の色……………白の意味

①に関していえば、餅は単なる食物ではなく、日本人の神観念と密接に関わるものと柳田は捉えていた。まず第一に、正月に訪れる神である年神（年の神）との関係が想定される。それは、年玉に関する考察に象徴される。

年玉は、元来正月の贈り物の意味であるが、金銭がその主体をなす現代とは違って、もとはそれは餅であった。年玉は、「数多くの小餅をこしらえて、家族の一人一人に配当する風習」であり、「この餅を古くは年神から賜るもの」と柳田は推察していた（民俗学研究所、一九五三）。年神に供えるものが鏡餅とするなら、同形の小さな丸餅である年玉は人に対して年神が下されるものである。そして、その年玉の玉はタマ（霊魂）に通ずるとした。人はそうした年玉の餅を食することで、年頭に当たって生命の更新をはかろうとしたといえる（民俗学研究所、一九五一）。

さらに、年神は祖霊と重ね合わせて捉えられる（柳田、一九四六）。一年に一度、子孫のために家に戻ってくる祖先の霊つまり祖霊が年神の本来の姿であるとする[1]。また、それはその家の稲作を守護する田の神でもある（柳田、一九五〇）。

②については、鏡餅など上尖りの円錐形をした餅の意味を問うものである。本来、正月の鏡餅や五月の巻餅・粽（ちまき）の形は人の心臓の形を模したものであり、それは人間のタマ（霊魂）を象徴するものであると柳田は考えた。そうした餅を食べることで新たなタマを補充することが、人が生きていく上では必要とされた（柳田、一九三二）。

③は、餅が私有を許される唯一の食物であることに注目するものである。かつて食物は一般に家で共有されるものであったのに対して、餅だけは古くから個人に与えられ私有されるものという観念があるとされる。そうしたとき、一人の取り分のことをタマとかタマシという地方があることに注目し、餅が霊魂に通ずるものであることを示した（柳田、一九三二）。そうしたことからも、正月における家長による家人への年玉の分配は、霊魂の付与であると解釈される。

葬式の餅とダンゴ（長野県塩尻市）

④は、餅が生命の交代や生命力の更新の場において、なくてはならないものであったことを示すものである。年中行事においては、神仏に供えたものを下ろしてきて人がいただく、そうした神人共食により神から新たな力を付与されるとする。また、誕生・葬送といった人生儀礼の場つまり「あの世」と「この世」の移行の場面においても、力餅や枕団子・四十九餅に代表されるように、餅の果たす役割は大きなものがある（柳田、一九三三）。

⑤に関しては、餅は本来神に供えるために作られるものであることを示す。餅は米粉を水で練って作るシトギ（粢）から変化したものであり、そのシトギは生のまま神へ供えられるもので、本来は人が食べるものではなかった。それが後になって、蒸したり茹でたりすることで、食物としても意味を持つようになったとされる（柳田、一九三六b）。また、モチ米を搗いて餅にするようになるのは、シトギよりずっと後、臼と杵が登場して以降のことであるとした（柳田、一九三四）。

⑥についていうと、餅は自在に造形できることに民俗的な意味があると柳田は考えていた。柳田は「餅の食物としての特殊性の一つは容易に好みの形を指定しうることではなかったかと思う。（中略）古くからの食物では餅以外にそういった要求に応じうるものはまれであった。（中略）ただまん丸なだけの鏡餅とても、考えてみれば人の意志なしにはああはならなかった」（柳田、一九三二）とし、餅の重要性のひとつとして、自由な造形が可能なこと、しかもそうした造形に日本人の「意志」が反映されることを指摘している。[2]

⑦は、白という色彩に対する日本人の感覚を問うものである。モチ米の餅の色である白は、本来は日常には用いない色であり、むしろ忌避されるべき色であるとした（柳田、一九三〇）。白は工業技術以前においては、人為で作り出すことがきわめて難しい色であった。その例外が餅である。それがため、餅は神をも寄り付かせる清浄性を手に入れることができたとともに、反対にその非日常性のため忌避される色ともなったといえる。[3]

3　坪井洋文の餅論

柳田が餅を日本の民俗文化の中に積極的に位置づけ、持論を展開する上で重要な拠り所としたのに対して、坪井はある意味そうした思考法とは反対に、餅の存在をネガティブに読み解こうとした研究者であった。そうした坪井の立場をもっとも象徴するのが、「餅なし正月」と呼ばれる伝承への注目である（坪井、一九六七・一九七九・一九八二b）。

餅なし正月とは、詳しくは第Ⅱ部「餅なし正月をめぐって」において論じることになるが、正月において餅を搗かず・食べず・供えずといった禁忌を伴う伝承である。正月には餅を搗き、鏡餅を供え、元旦にはそれを雑煮にして食べる、という日本人一般のありふれた正月風景とは別に、正月にわざわざ餅を禁忌する家や村があり、その背景に、死や血といった悲惨なイメージを読みとって、そこから縄文時代にまで及ぶ独特な民俗文化論を展開させた。そうした坪井の民俗文化論の中心的課題は、畑作文化の存在および稲作文化との歴史的葛藤関係を明らかにすることにあった。誤解のないようにいえば、餅をネガティブに扱うとは、彼自身が餅を軽視しているのではなく、むしろ反対に日本民俗文化における餅の存在の大きさに注目するもので、だからこそそうした餅を拒否する文化の存在に目を向けることになったといえる。

一般には、坪井洋文の民俗学は柳田民俗学のとった稲作単一文化論に対する批判として位置づけられている。稲作単一文化論を批判し、同等の価値を持って畑作文化や漁撈文化を位置づけ、民俗文化類型論を展開する（坪井、一九七七・一九八二a）。その試みは未完のうちに終わったが、後世に与えた影響は大きいものがある。しかし、坪井の仮説をそのまま受け継ぐわけにはいかないのもまた事実である。坪井の民俗文化類型論に対する批判は別稿（安室、一九九二）に譲るとして、筆者は坪井の業績を彼の極めようとした畑作文化の定立にはみていない[4]。

坪井のもっとも評価されるべき業績はむしろ彼が批判してきた稲作文化とは本来いかなるものなのかを明らかにした点であるといえる。坪井は、畑作文化を声高に掲げることにより、日本の稲作文化を影絵のように浮かび上がらせ、その文化的多様性を明らかにしている。坪井自身は民俗学において柳田以降は稲作文化についての研究はまったく進展していないと語っているが、その意味でいえば、柳田以降においてネガティブなかたちではあるが、稲作文化の研究を一段高いところに進めたのが坪井その人であったと考える。

たとえば、稲作民の再生観について、畑作民のそれと比較して論じている（坪井、一九八二a・一九八三）。畑作民の「土壌の原理」に対して、稲作民の再生観を「種子の原理」と規定した。柳田国男の論をより発展的に継承するものとして重要な指摘であるといえよう。また、稲作の受容を大きな歴史的出来事として捉え、日本の風土を農耕文化と対応させて類型化しようとしたことも評価すべき坪井の稲作文化研究の成果である（坪井、一九八二c・一九八五・一九九九）。

稲とともに作られるイモ（香川県）

こうして坪井の描き出した稲作文化は、多様性に富んだものであった。高度に稲作に特化したものから畑作や漁撈・狩猟と複合した特化度の低い段階のものまで、稲作文化の多様な様相を描きだしている。読みとり困難なことで有名な図「畑作文化と稲作文化との歴史的相関図」（坪井、一九八二b）に示された、同化・混淆・優先・禁忌・等価値の五段階は、そのままそうした多様な稲作文化の諸相を示すものとして読みとることができる。

そうした稲作文化の多様性は、坪井自身が意図したかどうかは別として、後に坪井が赤米の問題に傾倒するようになったことからもうかがうことができる。「日本には稲作社会の体制の枠に当てはまらない農耕社会が存在してきた。焼畑・畑作社会である。（中略）この焼畑・畑作社会においては、雑穀や根栽類のほかにも赤米を栽培した可能性が認められる」（坪井、一九八六b）とし、日本の稲作文化は畑で栽培される赤米の存在に象徴されるように、本来は多元的なものであることを認めている。

そうしたとき、それまで坪井が採ってきた研究手法である「稲作(民) 対 畑作(民)」という対立図式による民俗文化の理解は、一種の矛盾をはらむことになったといわざるをえない。対立・比較する両者の概念から抜け落ちてしまうもの（また両者の概念の重なり合う部分）の存在である。商品経済・貨幣経済が十分に成熟するまでは、稲作または畑作だけの単独で生計を維持するというのは無理なことである。稲作を主たる生業としながらも自給的に畑作を行うことは、稲作地における典型的な生計維持のあり方である。また反対に、山間の畑作村とされるところでも、小規模自給的な稲作が行われるところは多く、また何よりそうした村では狩猟・漁撈・採集といった多様な生業活動が山を舞台に行われており、山での生計はそうした多様な生業活動の複合により維持されてきた。そうした多様な生業複合のあり方を「畑作民」という枠に閉じこめてしまうことはできないであろう。坪井が描いた「稲作民」や「畑作民」は、実は生計活動の実態とは無縁の生業技術論に偏った類型であることがわかる。

その表れとして、坪井の提示する対比の構図は、その使用される文脈に応じて、「稲作文化と畑作文化」・「稲作民的農耕文化と畑作民的農耕文化」・「稲作農耕文化と焼畑・畑作農耕文化」・「イネ文化とイモ文化」・「餅正月と餅なし正月」・「稲作風土と非稲作風土」・「第一類型と第二類型」など、常に変遷し錯綜している。その結果、対立概念が一定せず必ずしも明確な論理を提出していない。そのもとをただせば、そうした論理の揺れは、稲作や畑作というような生業技術を文化類型の基本に据えたことに由来するといえよう。なぜなら、畑作のみならず、稲作についてさえ、その生計活動としての位置づけが民俗学においてはほとんどなされてこなかったからである。それは、坪井一人の責任に帰すべき問題ではなく、明らかに民俗学全体の問題とすべき点である。

4　残された課題

二人の対照的な研究姿勢は、歴史上多くの日本人に稲作を選択させた理由を説明するときにさらに明瞭となる。柳田国男は、日本人が文化的・経済的に稲作に極端に特化していった理由として、米に潜む霊的な力をあげ、その上で日本人と稲との出会いを「運命的」なものとした（柳田、一九四〇）。それに対して、坪井洋文は主として権力者（為政者）による強制にその答えを求めようとした（坪井、一九八二b）。こうした二人の考えは、まさに民俗文化における餅の扱いに映し出されている。この点は先に示したとおりである。

ただし、米と日本人との関係に関する筆者の考えは、必ずしも二人のそれとは一致しない。つまり、筆者は、日本人に米を選択させた力を霊的なものとするのではなく、しかも公(おおやけ)の強制とは別の次元で、日本人が民のレベルで主体的に稲を選択していった理由が存在していたと考えている。この問題に関する筆者の見解は別書（安室、一九九八）に譲るとして、坪井のいうように先に為政者の強制ありきではなく、稲作を拡大展開させていった民レベルの力を基盤にして為政者による稲作への注目度が増していったと考えるべきであろう。また、同様に、柳田が捉えた米に対して有する日本人の霊的な力の観念についても、そうした観念があるから日本人が稲を選択したのではなく、むしろ日本人が主体性をもって稲を選択し、それに特化していった結果として、生み出された観念であると考えられる。

こうして検討していくと、稲および餅をめぐる一連の柳田と坪井の説は魅力溢れるものであり、首肯される点も多いが、その根本のところで柳田と坪井はともに思考が逆転してしまっていたことに気づくはずである。柳田・坪井ともたぐい稀な先学であることに違いないが、二人に盲従するのではなく、あくまで批判的な目を持って彼らの仕事を検証しさらにそれを継承することこそ、後に残された民俗学者の使命であるといえよう。

本書は、それを餅を題材にして試みようとするものである。

注

［1］鏡餅に注目すると、年神と祖霊との関わりが明瞭となる。民俗世界においては、鏡餅は正月行事とともに盆行事にも用いられ、祖霊祭祀（先祖供養）と密接に結びつく（後章にて詳述）。

［2］野本寛一によれば、とくに田遊び系芸能において。鍬や犂といった農耕具に見立てた祭具が餅で作られることが顕著であるという（野本、一九九三）。

［3］餅の持つ象徴的色彩としての白は、生まれ変わりの思想やシラヤマ（白山）信仰・オシラ神信仰にも関係するシラと結びつくことになる（宮田、一九九四）。ただし、柳田自身は、シラと白とを意味連関させることには躊躇している（柳田、一九五三）。

［4］民俗学における畑作文化論は必ずしも坪井の独創ではない。坪井の畑作文化論の先駆けとして早川孝太郎を十分に評価すべきであろう。たとえば、早川は昭和一六年に「農と稗」（早川、一九四一）を発表している。この中で、「我が国の耕地は観念上水田を主体としているが、之は国家的に米を重視した結果であって、土地利用の歴史からいえば、むしろ二次的とみられ、陸田（畑）の方が一段と古いと見なければならぬ」といい、坪井の指摘よりも早く、日本には稲作に先行して畑作があったこと、および稲作が政策的な意図をもって国家レベルで拡大し、それがひいては観念の上で稲作主体の日本的農業を生み出したことを述べている。

Ⅰ　餅正月をめぐって

第1章　民俗世界における餅の意義　その社会性に注目して

1　餅の社会性

民俗世界において餅はいかなる意義を持っているのだろうか。そうした問いかけに対する答えは、従来あまりに信仰面に偏りすぎていた。つまり、儀礼や行事を通して餅は神と結びつけられて考えられてきた。しかし、日本人の日常生活においては、餅は神とのつながり以上に人と人を結びつけるものとして機能してきたといえよう。その典型的な行為が餅の贈答である。ここでは、そうした人と人とのつながりにおける餅の果たした役割、つまり餅の社会的意義について論じることにする。

食物の贈答という行為は、これまでの一般的な解釈では、共食（共同飲食）から派生したとされている。共食とは、本来、神と人および人と人とが同じ火で調理したものを一緒に食べることで一体感およびそれによる新たな力を得ようとする行為であると考えられている。しかし、社会生活が複雑になるに従って、交際の範囲も広がり、多くの人がわざわざ一か所に集まって共食することが難しくなる。そうしたとき、共食の観念を求めて、ひとつの火で煮炊きしたものをみんなに配って回るという簡略形が起こってきて、それが食物贈答のひとつの重要な要素になったという（井之口、一九七五）。そうしたとき、いわば二次的な共食を演出するものとして、日本の場合には、餅がとくに重要視されてきたといえる。後に近世末の農民日記を通して詳しく論じるが、餅は、人と神との共食の場面よりも、頻度としては、はるかに人と人との共食や贈答（二次的共食）の場面に多く用いられている。こうした人と人との共食や贈答が餅の社会的な意義を語る上では重要な背景としてある。

餅が神への供物に多用されてきたがため必然的に、そのお下がりを得て行う共食や贈答の場面においても餅が多用されてきたと考えるよりは、共食が二次化する（つまり贈答という行為に代わる）ときには、すでに人と神との関係を離れ、まったく新たな意図をもって人と人との関係性において餅が多用されるようになったと考えるべきであろう。それは、日常生活において必ずしも神事や仏事に結びつかない場面において餅の贈答が多く行われていることをみても理解されよう。

2　『浜浅葉日記』と餅

(1)　『浜浅葉日記』について

三浦半島の内陸村を舞台にして、近世末から近代にかけて三代にわたって書き継がれた農民日記を題材にして話を進めることにしよう。その日記とは、一般に『浜浅葉日記』と呼ばれるもので、大田和村（現横須賀市太田和）の浜浅葉家に伝えられている。

代々大田和村の名主をつとめた浅葉家から分家したのが通称「浜浅葉」と呼ばれる家である。本家に比べると相模湾に近い浜方にあったことから、分家の通称として「浜浅葉」と呼ばれた。以後、本書でも、本家の浅葉家と区別するために浜浅葉家と呼ぶことにする。なお、元治元年（一八六四）の村明細帳（青山、一九八七）によると、大田和村は当持家数は約一〇〇戸、耕地は田が二四町七反（二四・七ヘクタール）に対して畑が三三町四反（三三・四ヘクタール）ある畑作優越の村で、いわゆる三浦半島の典型的なオカハマ（岡浜）の村であったことがわかる。

本家である浅葉家は天正一九年（一五九一）に没した仁左衛門を初代とする大百姓の家である。その浅葉家一二代目のとき、次男の仁三郎（文化一三年〈一八一六〉生まれ）が、天保一四年（一八四三）二八歳のときに分家して浜浅葉家を立てた。『浜浅葉日記』として残る多くはこの仁三郎が書いたものである。

『浜浅葉日記』は、浜浅葉家分家前の天保五年（一八三四）から明治三五年（一九〇二）まで三代にわたって書き継がれている。三世代、合計六九年間のうち約三九年間分の三九冊が確認され現存する。その内訳は、天保五年から慶応四年（一八六八）までの二五冊が分家初代の仁三郎、明治三年（一八七〇）から同一四年（一八八一）までの九冊が二代目保蔵、明治二六年（一八九三）から同三五年までの五冊が三代目友次郎が、それぞれ執筆したものである。

浜浅葉家は自給を主としながらも小地主階級の農家であった。仁三郎は天保一四年の分家の折り、父の本家一二代目仁右衛門より田二町一畝一〇歩、畑一町八反三畝二歩、屋敷地一畝五歩のほか山を三か所譲渡されている（鈴木、一九八〇）。所有する田畑は合計三町八反四畝になるが、常時二〜三人の奉公人を雇って自作するほか相当量を小作に出していたことが日記からわかる。また米のほか商品作物の綿花を栽培してはそれを売っており、かなりの金銭収入も上げている（鈴木、一九八三）。浜浅葉家は大田和村において「富農とはいえないまでも一般農家の域にあるものではない」といえよう（鈴木、一九八〇）。

なお、以下では、『浜浅葉日記』のうち、浜浅葉家初代仁三郎が五〇歳のとき記した元治二年（一八六五）の記録（横須賀史学研究会、一九八三）を主な資料として論を進めることにする。

(2) 日記の中の餅

『浜浅葉日記』には、ほとんどの場合、餅は供物・食物そして贈答品として登場してくる。その頻度は現在からは想像もできないほど高く、たとえば一月および六月中には一か月二九日（ないし三〇日）のうち、一月・六月とも一六日間に餅が何らかの形で日記中に登場する。また、一日のうちでも二度・三度と用件を分けて登場することもあり、登場件数でいうと一月が二〇件、六月は二六件にも上る。元治二年には、一年三八四日（閏五月を含む）のうち一四七日、二六一件に餅が登場する。単純に考えて、二日ないし三日に一度の割で餅が日記には登場していることになる。

日記に登場する餅はほとんどすべてがハレの場面に関係している。供物として登場する場合は何らかの行事に際して神仏に供えられたものである。また、食物として登場する場合も、餅は来客へのもてなし料理とされることがほとんどで、何らかの行事や祝い事に付随したものであることがわかる。贈答品の場合も、同様である。

それに対して、日常食として餅が用いられることはなかった。米や粟などの穀物については何月何日にどれくらいの量を精白して用いたかが日記中に細かく記されており、さらにそれはモチ米とウルチ米、モチ粟とウルチ粟というようにモチとウルチとが分けて記されている。そのため、そうした記述を見ていけば、餅が行事以外のときには使われていないことがわかる。さらに餅搗きは日記の中には必ずその日の作業として記されており、餅搗きが行われるのはやはり何らかの行事に関連した日時に限られていた。

また、日記中に描かれた餅には、「搗き餅」(「備え餅」や「丸餅」など)、「雑ニ(煮)餅」、「赤飯」、「おはぎ」、「汁粉(餅)」、「かき餅」などがある。そのほか、モチとウルチとの区別は判然としないが、「新粉餅」、「かしわ餅」、各種の「だんご(団子)」もある。

そうした各種の餅は、浜浅葉家において消費されるものと浜浅葉家以外へ贈られるものとに大別される。そのとき、注目すべきは、餅が日記に登場するときは、その数量が詳細に記されていることである。それはとくに餅を贈答品として用いるときに顕著である。このことは、餅の社会的意義を問う上で大きな意味を持ってくる。

一般に贈答とは、何かものを贈ったり贈られたりする行為をいう。『浜浅葉日記』を見るとき、餅の贈答には二つの傾向があることがわかる。ひとつは贈ったものに対して必ず返礼がなされる場合である。それは文化人類学で一般に互酬と呼んでいるもので、つまり交換を前提とした贈与である。この場合、ほぼ同等のものが返されている。そして、もうひとつは、返礼を伴わず、一方的に贈与がなされる場合である。詳しくは後述するが、そこには必ず社会的・身分的な上下関係が存在している。

上棟祝の餅（神奈川県横須賀市）

3　餅を贈る意味

（1）家の行事を社会化する

『浜浅葉日記』に現れる餅はじつに多彩な動きを示す。日記を見る限り、餅は搗いてすぐに食べるものではない。また、搗いた餅をその家で自分たちの食物として消費することもむしろ稀なことであるといえる。搗いた餅が人の口に入るまでには大抵の場合、贈る・供えるという過程を何段階か踏まなくてはならないからである。

そうした餅の動きには、大きく分けると、二つの方向性がある。ひとつは従来から民俗学で注目されているところの、人と神との間のやり取り、つまり神への供物と神人共食を意味する直会（なおらい）である。柳田国男以来、人が神に餅を供え、またその下がりを人が食することにより、新たな生命力を得るという考えは、多くの研究者に支持されてきた。

ここで注目するのは、もうひとつの方向性、つまり家と家（人と人）との間で行われる餅のやり取りである。先にあげた神供および直会が人と神とを結びつける役割を果たすものであるとするなら、これは人と人、家と家とを結びつけるものであるといえる。

『浜浅葉日記』をみてまず最初に気づくことは、贈ったり贈られたりまた馳走したりされたりというように、餅が家と家との間を盛んに行き来することである。第1表に示したように、餅は家々の間をやり取りされるために存在するといってもよいほどである。

日記に登場する餅は、その動きをもとに、第1表中に示したように、①家で用いるもの、②他家に与えるもの、③他家から与えられるもの、の三つのパターンに分けることができる。①の場合は、日記には浜浅葉家の人が餅を食べることについての直接的な記述はなく、大抵は「〇〇へ供え」というように家で祀る神仏への供物として描かれる。②は、他家への贈答のほかに、訪問客へのもてなし料理として出される場合も含まれる。③は、いわば②と裏返しの関係にあり、餅が他家から浜浅葉家に

第1表『浜浅葉日記』にみる餅—元治二年（1865）の日記より—

月日(儀礼行事)	餅の種類：用途・目的	贈答パターン
正月3日(年始)	餅：年礼客(岸太郎)へのもてなし	②
	餅：年始客(経師屋)へのもてなし	②
正月5日	備(一組)：三ヶ浦＊1への年玉	②
正月7日(七々草御祝)	大備：本家＊2への年玉	②
正月8日(年始)	雑二餅：年始客(三ヶ浦)へのもてなし	②
	雑二餅：年始客(門前＊3)へのもてなし	②
	備(一組)：三ヶ浦よりの到来物	③
正月10日	雑二餅：来客(武の老僧)へのもてなし	②
正月11日	御かかみ餅：供え物	①
	白玉の粉：こしらえ	—
	はたき粉：同上	—
正月12日	餅：来客(商人「三引屋」)へのもてなし	②
正月14日	＊当年に記載はないが、例年、餅搗、餅かざり、日待ちを行う	①
正月16日	餅：来客(鹿嶋徳右衛門)へのもてなし	②
正月19日(年始)	雑二餅：年始客(馬立能悦)へのもてなし	②
正月20日(稲之花)	稲之花：供え物	①
正月24日	あべ川餅：来客(三ヶ浦ほか)へのもてなし	②
正月26日	餅：来客(佐島平造)へのもてなし	②
正月27日	餅：来客(本家)へのもてなし	②
正月28日	餅：来客(佐島平造)へのもてなし	②
正月晦日	餅：来客(嘉十郎)へのもてなし	②
2月小朔日	餅：来客(甚右衛門)へのもてなし	②
2月2日	水餅：使用人の姉への土産	②
2月8日	餅：来客(小坪七左衛門)へのもてなし	②
2月14日	餅：三ヶ浦への手土産	②
2月15日	おしる粉：来客(三ヶ浦)へのもてなし	②
	餅：来客(甚右衛門)へのもてなし	②
2月16日	新粉餅(一重)：本家への見舞品	②
2月17日	新粉餅：本家への見舞品	②
	水餅：来客へのもてなし	②
2月19日	あべ川餅(一重)：本家への遣い物	②
	餅：使用人の妹へのもてなし	②
2月20日	あべ川餅(一重)：本家への見舞品	②
2月21日	餅：来客(甚右衛門)へのもてなし	②
2月22日(社日)	糯米(二俵計り)：来客(与左衛門)より受け取り	—
2月25日(墓参り)	おはぎ：供え物	①
	おはぎ(一重)：寺への遣い物	②
	おはぎ(一重)：本家への遣い物	②
	おはぎ(一重)：本家よりの到来物	③
2月27日(苗間おこし)	かた餅：供え物	①
3月6日	餅：来客(弥左衛門)へのもてなし	②
3月7日(種おろし)	こしあんだんご(八寸重)：本家への見舞品	②
(子供中)	だんご白砂糖あん(小重)：子供中へやる	②
	だんごあんなし(少々)：同上	②
3月14日(正月準備、門松)	餅搗(米五升)：正月の餅	—

	餅搗(粟三升)：同上	—
3月15日(正月)	丸餅：供え物(正月)	①
3月16日(正月)	餅：来客(舜海和尚)へのもてなし	②
	餅：年礼客(七右衛門ほか)へのもてなし	②
3月17日(正月、粟之穂)	丸餅(一重)：三ヶ浦への遣い物	②
	丸餅(重入)：本家への遣い物	②
	丸餅(重入)：芝下＊4への遣い物	②
	餅：本家よりの到来物	③
3月26日(種蒔仕舞)	餅：来客(「北川」米屋)へのもてなし	②
3月27日	餅(八寸重)：本家への遣い物(種蒔き仕舞)	②
	餅(二升)：三ヶ浦への遣い物(同上)	②
	餅(一升)：門前への遣い物(同上)	②
3月29日(甲子様)	あべ川餅：来客(是心和尚)へのもてなし	②
4月4日	おはぎ：本家より到来物(英山花香童子出日)	③
4月5日	おかしわ：本家よりの到来物	③
4月7日(御回向)	おはぎ(小豆あん付)：御上人・和尚の献立	②
	おはぎ(隠元のあん付)：同上	②
	かんさらしのおはぎ(隠元のあん付)：同上	②
	寒中水餅：同上	②
	おはぎ(重入)：手伝人送り人へのもてなし	②
	御着おはぎ：同上	②
	おはぎ：本家への遣い物(回向)	②
4月8日(御誕生日)	餅搗：供え物のため	—
(御施餓鬼)	あべ川餅：御上人へのもてなし(御施餓鬼)	②
	おはぎ(一重)：三ヶ浦への遣い物	②
4月12日	丸餅(一重)：三ヶ浦への遣い物	②
	あら粉菓子(一袋)：同上	②
	あべ川餅：来客(三ヶ浦)へのもてなし	②
4月26日	水餅：来客(武の老僧)へのもてなし	②
4月28日	柏餅：三ヶ浦にて馳走	③
5月小朔日	柿餅：本家への遣い物	②
5月3日	かしわ餅：坂之下＊5よりの到来物(初節句の祝)	③
5月5日(節句)	赤飯：供え物	①
	赤飯(一重)：本家への遣い物	②
	赤飯(一重)：三ヶ浦への遣い物	②
5月6日	おかしわ：佐島よりの到来物	③
5月10日	柿餅：御奉行様への遣い物	①
5月14日	かしわ餅(七つ)：三ヶ浦よりの到来物	③
5月17日	だんご：本家よりの到来物(本家のわた蒔仕舞の祝)	③
5月18日(わた蒔仕舞の祝)	わただんご：供え物(わた蒔仕舞の祝)	①
	だんご(八寸重)：本家への遣い物(同上)	②
5月26日(庚申様)	だんご：供え物(庚申様)	①
5月28日(法楽)	赤飯：供え物(法楽)	①
	赤飯：法楽に呼んだ僧へのもてなし	②
閏5月大朔日(甲子様)	赤飯：供え物(甲子様)	①
	赤飯：本家よりの到来物(本家の仕舞田)	③
	もち代百文払い(米屋「北川」への勘定)	—
閏5月5日	赤飯(一重)：本家から御奉行様への遣い物	②

閏5月6日	柿餅：坂之下への遣い物	②
閏5月9日(仕舞田)	赤飯：「御神」への供え物(仕舞田)	①
	赤飯(小おはち)：本家への遣い物(同上)	②
	赤飯(八寸重)：三ヶ浦への遣い物(同上)	②
	赤飯(一重)：源左衛門への遣い物(同上)	②
	赤飯：来客(代二郎)へのもてなし	②
閏5月11日	赤飯：来客(鹿嶋徳右衛門)へのもてなし	②
閏5月13日(粟蒔の祝)	粟の赤飯：粟蒔の祝	①
	赤飯：医者へのもてなし(当主の病気往診)	②
閏5月14日	赤飯：来客(武の老僧)へのもてなし	②
	小麦だんご：同上	②
閏5月18日	もち代百文払い(米屋「北川」への勘定)	—
閏5月21日	柿餅：米屋「北川」へのもてなし	②
6月小朔日	餅搗：供え物・遣い物のため	—
	丸餅(十一個)：本家への遣い物	②
	あん餅(一重)：同上	②
	おかしわ：本家よりの到来物	③
6月3日	餅：来客(甚右衛門)へのもてなし	②
6月5日	おはぎ：芝下よりの到来物(出産三ツ目の祝)	③
6月6日	丸餅：雇人よりの到来物(雇人亡母四十九日)	③
	柿餅：三崎弥平への遣い物	②
6月7日	粟餅：行者へのもてなし	②
6月10日	餅(二重)：本家よりの到来物	③
6月11日	餅搗：遣い物のため	②
	餅：代二郎へのもてなし	②
6月12日	丸餅(一重)：三ヶ浦への遣い物	②
	おこし菓子：同上	②
	丸餅(七つ)：門前への遣い物	②
6月15日(天王様)	赤飯：供え物(天王様)	①
	赤飯(一重)：本家への遣い物	②
6月16日	赤飯：来客(舜海和尚)へのもてなし	②
6月18日	しら玉だんご：来客(日野屋)へのもてなし	②
6月19日	しら玉だんご(一重)：芝下への遣い物	②
6月20日	しら玉だんご(一重)：三ヶ浦への遣い物	②
6月24日(百万遍)	餅搗：明日の仏事と当夜の百万遍のため	—
6月25日(仏事)	柿餅：回向に呼んだ僧への本膳の一品	②
	雑に餅(根芋入り)：回向に呼んだ僧への昼飯	②
	丸餅(九つ)：本家への遣い物	②
	丸餅：寺への遣い物	②
6月29日(虫送り)	しら玉：商人(「平作屋」)へのもてなし	②
7月2日(甲子講)	柿餅(一箱)：日本橋米庄への遣い物	②
	柿餅(重箱)：平造への遣い物	②
7月3日(百ケ日)	もち代百文払い(林への勘定)	—
	丸餅粟入(八寸重)：本家よりの到来物	③
7月5日	赤飯：芝下よりの到来物(宮参り)	③
7月6日(七夕)	しら玉だんご：本家・芝下への遣い物	②
	しら玉だんご：芝下への見舞品	②
	しら玉だんご：本家(伊太郎)への見舞品	②

7月8日	だんご：本家よりの到来物	③
7月10日	しら玉だんご：本家よりの到来物	③
7月11日	柿餅：来客(佐島平造)へのもてなし	②
7月15日(盆、寺参り)	丸餅(十五個)：三ヶ浦への遣い物(盆句)	②
	備(一組)：寺への回向料(遣い物)	②
7月16日(盆、墓参り)	餅：盆礼の客(佐島平造)へのもてなし	②
7月17日(盆)	餅：寺(扇子山)への遣い物	②
7月18日(盆)	餅：盆句の客(仁左衛門)へのもてなし	②
7月19日	餅：来客(弥左衛門)へのもてなし	②
	おしる粉：本家にて馳走	③
7月25日	小麦だんご：来客(武の老僧)へのもてなし	②
	おしるこ：同上	②
8月大朔日(彼岸入り)	餅搗：彼岸の供え物・遣い物のため	—
(御回向)	あん餅：回向の僧(武の老僧)へのもてなし	②
	あん餅(八寸重)：本家への遣い物	②
	丸餅(九つ)：同上	②
	丸餅(七つ)：寺への回向料(遣い物)	②
	丸餅(七つ)：本家よりの到来物(盆句)	③
	餅：来客(百姓代六左衛門)へのもてなし	②
8月2日	餅：来客(佐島村名主嘉左衛門)へのもてなし	②
8月3日	赤飯の支度：明日の彼岸中日のため	—
8月4日(彼岸中日)	赤飯の支度：早朝より彼岸の中日のため	—
	赤飯：供え物(彼岸の中日)	①
	赤飯(八寸重)：三ヶ浦への遣い物	②
	赤飯(八寸重)：本家への遣い物	②
	赤飯(七寸重)：門前への遣い物	②
	丸餅(七つ)：三ヶ浦への遣い物	②
8月7日(彼岸明け)	だんご：供え物(彼岸明け)	①
	おはぎ：三ヶ浦よりの到来物	③
8月9日	おはぎ(八寸重)：坂之下への遣い物	②
8月15日(十五夜様)	餅搗：十五夜様への供え物のため	—
(稲之穂)	餅：供え物(十五夜様)	①
	稲之穂：同上	①
8月20日	雑に餅：本家にて馳走	③
8月晦日	餅搗(餅米三升八合)：亡母忌日のため	—
	餅搗(粟二升)：同上	—
9月小朔日(仏事)	丸餅：本家よりの到来物	③
	丸餅(五つ)：武の寺への回向料	②
9月2日(亡母忌日回向)	丸餅(九つ)：三ヶ浦へ遣い物(亡母忌日回向	②
9月6日	餅：本家よりの到来物	③
9月9日	赤飯(一重)：来客(鹿嶋市左衛門)手土産	③
	赤飯(一重)：三ヶ浦よりの到来物	③
	赤飯：畑年貢を納めに来た者へのもてなし	②
	赤飯：来客(代二郎)へのもてなし	②
	もち代　百文払い	—
9月12日	しら玉：来客(清兵衛)へのもてなし	②
9月13日(十三夜様)	餅搗(白餅米七升五合)：十三夜様の供え物のため	—
	餅搗(粟三升)：同上	—

9月14日	おしる粉：本家よりの到来物	③
9月15日	丸餅(一重)：三ヶ浦への遣い物	②
	丸餅(五つ)：門前への遣い物	②
	赤飯：芝下よりの到来物(「とこあけ」の祝)	③
9月21日	おしる粉：三ヶ浦にて馳走	③
10月4日	餅：来客(鎌倉海蔵寺)へのもてなし	②
10月7日	寒さらしだんご(一重)：本家への見舞品	②
	小麦の粉だんご(一重)：同上	②
10月8日(亥猪の祝)	おはぎ：供え物(亥猪の祝)	①
10月9日	おはぎ(一重)：本家への見舞品	②
10月12日	丸餅：本家よりの到来物	③
	あん餅：同上	③
	餅搗(白餅米三升八合)：御十夜のため	—
	餅搗(粟二升)：同上	—
10月13日(御十夜こもり)	丸餅(七つ)：本家への遣い物	②
	丸餅(七つ)：三ヶ浦への遣い物	②
10月14日	餅(一重)：坂之下への遣い物	②
10月15日(念仏講)	赤飯：念仏講(宿)の献立の一品	②
	赤飯：本家への遣い物	②
10月16日	赤飯(一重)：勘四郎への届け物(念仏講の夜食)	②
10月17日(えしき)	餅(七つ)：寺よりの到来物(えしき)	③
10月20日(えびす講)	赤飯：供え物(えびす講)	①
	赤飯：本家への遣い物(同上)	②
	赤飯：本家よりの到来物(同上)	③
10月21日	赤飯：来客(武の老僧)へのもてなし	②
	赤飯：来客(勘四郎、同孫)へのもてなし	②
10月28日(麦蒔あき仕舞)	赤飯：来客(舜海上人)へのもてなし	②
10月29日(庚申様)	だんご：供え物(庚申様)	①
11月5日(冬至、稲こき仕舞)	餅搗：稲こき仕舞の供え物のため	—
	粟餅雑に：夕飯の御馳走(同上)	①
11月8日	餅：来客(左官三吉)へのもてなし	②
11月9日	糯米(一俵)：小作人より収納	—
11月13日	餅米搗：米・粟・麦とともに精白	—
11月14日	備(一組)：芝下より到来物(おつね三才の祝)	③
	餅搗：明日の支度	—
11月15日(墓参り)	餅搗：墓参りの供え物・遣い物のため	—
	餅(重入)：本家への遣い物	②
	粟之餅：行者への遣い物	②
	餅：来客(芦名おのふ)へのもてなし	②
11月24日(百万返)	餅：来客(舜海上人)へのもてなし	②
12月小朔日(墓参り)	餅搗：墓参りの供え物・遣い物のため	—
	丸餅：本家への遣い物	②
	あん餅(一重)：同上	②
	おしる粉：同上	②
	丸餅：本家よりの到来物	③
	おしる粉：同上	③
12月2日(寺参り、宮参り)	餅米(弐斗弐升位)：用途不明	—
12月3日	餅：来客(伊勢東川宗兵衛)へのもてなし	②

	餅(三つ)：坂之下への遣い物	②
12月6日	白餅米(七升)：水に漬け置く(寒さらし)	—
12月11日	餅米搗：精白(用途不明)	—
12月16日	米とぎ(古餅米三斗八升)：明日の餅搗の支度	—
	米とぎ(粟八升)：同上	—
	あん餅(一重)：本家よりの到来物	③
12月17日	餅搗：寒中水餅の分	—
	白古餅米(二升)：鎌倉十二所明王院への遣い物	②
12月18日(年越し)	餅：来客(糀屋)へのもてなし	②
12月19日	餅切り	—
	餅：来客(源右衛門)へのもてなし	②
12月22日(糞勘定)	餅米(三斗八升)：糞代勘定で長井吉五郎に渡す	—
12月23日	米とぎ(新白餅米五斗)：餅搗の支度	—
	米とぎ(粟九升)：同上	—
	餅搗(古餅三斗八升)：寒さらしの分	—
	餅搗(粟八升)：同上	—
	餅：本家にて馳走	③
12月24日(正月餅搗き)	餅搗(本家)：本家に手伝いを遣わす	—
	餅搗(当家)：本家より手伝い来る	—
	おしる粉：本家よりの到来物	③
	おしる粉：本家への遣い物	②
	おしる粉：餅搗き手伝人へのもてなし	②
	おしる粉：来客(武の老僧)へのもてなし	②
	丸餅：供え物	①
12月25日	餅搗(源右衛門家)：手伝いの人を遣わす	—
12月26日(墓参り)	餅：勘定の来客(十郎兵衛)へのもてなし	②
12月27日	餅：来客(代二郎)へのもてなし	②
12月28日(門松竹切、門松切)	餅：本家よりの到来物	③

＊1　「三ヶ浦」：妻の実家(小峰家のこと、浅葉家では代々小峰家より嫁を取ることが多かった)
＊2　「本家」：浅葉家(浜浅葉家にとっての本家)
＊3　「門前」：親類(詳細不明)
＊4　「芝下」：同族(本家10代目のときに本家から分家した家)
＊5　「坂之下」：親類(本家の妻＝後妻の実家)

贈られる場合である。

このようにみてくると、浜浅葉家内だけで餅の動きが完結してしまう①の場合よりも、他家との間の餅の行き来を意味する②および③の場合の方が、日記に取り上げられる頻度ははるかに高いことがわかる。つまり、日記で見る限り、餅は自家において神仏に供えられるよりも、頻繁に他家への贈答や訪問客へのもてなしに使われていたといえる。

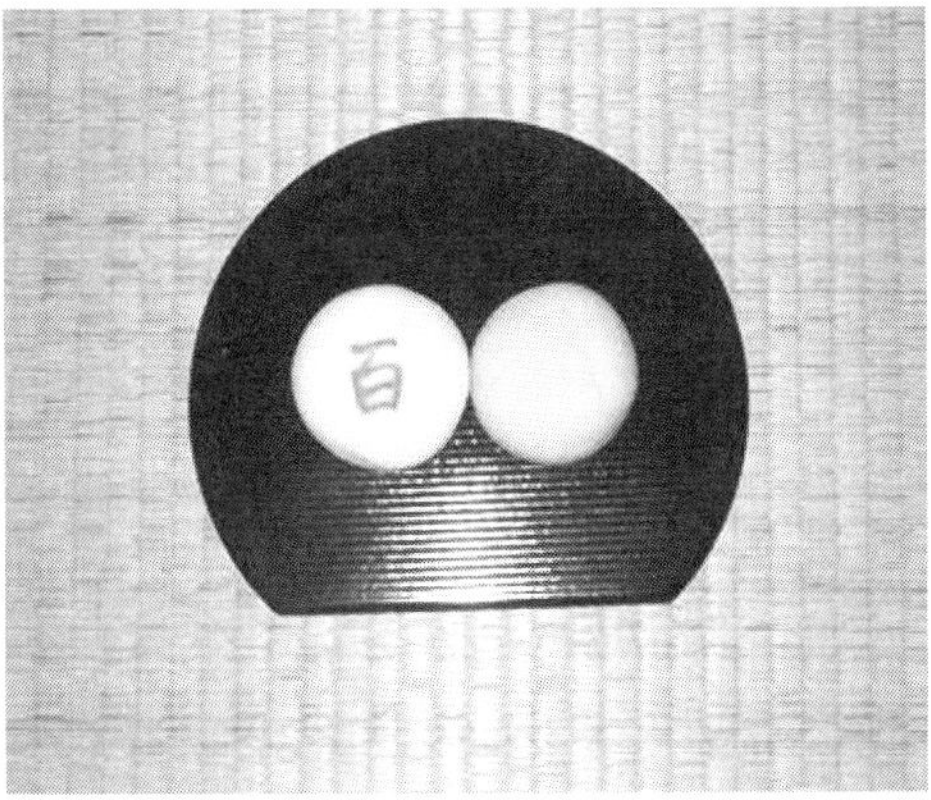

誕生祝いに贈られた餅（神奈川県横須賀市）

そうしたことからいえば、餅は信仰的な意味にも増して、社会的な食物であるといえよう。そうした餅の社会的側面に注目すると、餅の家と家（人と人）とのやり取りには重要な意味があることがわかってくる。その重要な意味とは、餅の贈答やもてなし行為を通して、その家の儀礼が地域社会に広く知らしめられることである。つまり餅による儀礼の社会化と言い替えてもよかろう。

また、反対に、餅を贈られた側にとっては、他家の儀礼は観念上の出来事ではなく、餅を通して実際に手に触れ・目に映り・舌で味わうことのできるつまり五感に訴えられるものとして、その儀礼をより具体的にイメージすることができよう。そうして、餅を贈られた側は、必然的に他家の儀礼を、またひいてはその家の存在自体を認めることになる。儀礼を社会的に認知させる上で、餅の贈答行為はまさに五感に訴えるものであり、観念的な儀礼行為そのものよりも実効性のあるものとなる。

つまりは、儀礼を行ってもそれが社会的に認知されるかどうかは、やり取りされる餅にかかっているといっても過言ではない。儀礼を機にやり取りされる餅は、まさにその儀礼を体現し社会に対してその儀礼の存在を表明するものとなる。

とくに人生儀礼のような私的性格の強い儀礼（家の行事）にとっては、餅はその社会化を促す上で大きな役割を果たしているといえよう。『浜浅葉日記』の中には、たとえば、六月五日「芝下よりおはき至来、尤、出産三ツ目のよし二而」というように人生儀礼に関連した記述が散見されるが、まさに餅の到来を機にその餅を贈ってよこした家の状況（この場合は出産）を贈られた側はあらためて知るところとなる。

三ツ目の祝い以外にも、日記中には、宮参り・初節句・三歳の祝い・とこあけ（出産）の祝いといった人生儀礼の記述がみられるが、これらの儀礼はすべて餅や赤飯を贈ることで親戚や近隣の家々に周知されている。人の誕生にしろまた成長段階の祝いにしろ、それはあくまで家の行事（私的儀礼）にすぎないが、その意味する内容は家の中だけで完結するものではなく、広く社会的に認められる必要がある。たとえば、子供組への入会に際しては、直接的にはその年齢に達したときに入会儀礼を行えばよいが、その前段階としてそうした年齢に達しつつあることを広く社会に認知させておく必要があるわけで、そうしたとき折々の生育儀礼に際して餅や赤飯が地域社会に配られることは大きな意味がある。

このほか、年中行事のなかでも、とくに家の行事としての性格が強い農耕儀礼（田植え祝や刈り上げの祝など家ごとに挙行日が異なるものなど）は、やはり餅の贈答によってはじめて他家の人の知るところとなり、同時に稲刈りや田植えの遅速などその家の生計状況の確認ともなっていたといえよう。

つまりは、餅の贈答行為により、たえず経済状態や家族の動静といったその家の状況が確認され、社会的に承認されることになる。しかも、そのとき贈る側と贈られる側はいわば鏡に映しあった関係にあるといえ、そのことは、それぞれの家の情報の共有化を促し、地域社会の安定にとって一定の役割を果たしていたといえよう。それは、相互監視というマイナスの側面ではなく、相互に自己を主張し認めあう関係ということができる。

行事の執行単位に注目して年中行事を関西と関東とで比較すると、関東では年中行事に村の行事が少なく、その多くが家の行事として営まれる（福田、一九九七）とされるが、そうしたことは『浜浅葉日記』からも読みとれる。巨視的に捉えると、『浜浅葉日記』の伝えられる三浦半島は、村として行う行事が乏しいところだからこそ、餅の社会的機能として家の行事の社会化はよりいっそう大きな意味を持ってくるといえよう。

（2） 家の社会的位置を確認する

餅を贈るという行為を通してなされる社会的認知の範囲はたいへんに広いものがある。第1表において贈答パターン欄の②をみてみると、餅が贈られる範囲は本家や妻の実家など同族や親族といった同等かそれ以上の家柄のところにとどまらず、出入り職人や小作人またときには被差別民にも及んでいることがわかる。明らかに、餅は階層を越えて人と人、家と家のつながりをもたらしている。

また、餅を贈るという行為は、村内におけるその家の社会的位置つまり階層を確認する意味を持つ。同じく第1表において贈答パターン欄の③の場合をみてみると、贈る場合とは違って、自家より下の階層から餅を貰うことはないといってよい。つまり、餅というのは浜浅葉家からは上も下もなくすべての階層に贈っているのに対して、貰う場合は同等かまたは上の階層に限られているのである。具体的にいうと、本家や妻の実家とは餅は贈ったり贈られたりを繰り返し絶えず交換されるものであるが、浜浅葉家からみて下層に属する小作人や出入り職人、被差別民といった人々からはけっして餅を貰うことはなく、一方的に贈るだけである。

つまり、餅は民俗世界におけるやり取りのなかでは上層から下層に流れやすい傾向を持つものといえる。もっといえば、浜浅葉家の場合、社会的には餅とは貰うよりも与えるものであるといえ、贈ることの方により大きな民俗的意義を見いだしているといえる。餅の社会的意義を考えるとき、そのことは大変重要な意味を持っている。

このような餅のやり取りの流れをみていくと、明らかに浜浅葉家の社会的階層がそこに透けて見えてくる。浜浅葉家は先にも示したように、村内では小地主的位置にあり、また浅葉家の本分家関係の中では代々名主を務める本家に次ぐナンバー2の位置にあった。そうした系譜関係における地位とはまた別に経済的には本家に劣らぬ地位を築いていた。それは、本家の浅葉家に対して、並列的に浜浅葉家と他称されていることをみてもわかる。そうした浜浅葉家では、餅の交換がなされるのは同等かまたは上位の社会的階層にある家だけである。それに対して、浜浅葉家からみて下位の社会的階層にある家に対しては、浜浅葉家から餅を贈ることはあっても、貰うことはけっしてない。そのため、結果として、浜浅葉家のような上層にある家では、餅は貰うよりもはるかに多くのものを地域社会に対して供することになる。こうした贈られるよりも贈る方が圧倒的に多いという餅のやり取りの中に、如実に浜浅葉家の村内における社会的位置が顕れているといえよう。

4　鏡餅とはなにか

(1)『浜浅葉日記』の中の鏡餅

私たちの日常生活において、餅が登場する機会が減り続けるなか、現在でも正月だけは餅は欠かせないという雰囲気は残っている。なかでも、鏡餅は、雑煮と並んで、正月の餅を代表するものであろ

正月の神棚と年棚（長野県望月町）

う。現在、そうした正月の餅は、なにか特別なものというふうに考えられ、日常生活はもちろんのこと、正月以外の行事に用いられることはほとんどない。現代生活においては、雑煮や鏡餅はまさに正月のためにある餅である。しかし、『浜浅葉日記』を見れば、元来鏡餅は正月だけに用いられるものではなかったことがわかる。

　ここでは、『浜浅葉日記』の元治二年（一八六五）の記載を手がかりに、鏡餅が人々の生活のなかで、どのような場面において、どのような使われ方をしてきたかを明らかにし、民俗世界における鏡餅の果たす役割についてみていくことにする。

○正月五日

　三ヶ浦へ年玉之覚

一、備壱組・唐桟前掛　内へ

○正月七日　七々草御祝

　本家へ年玉之覚

一、大備・半紙五状

○正月八日

三ヶ浦より至来物覚

一、備壱組・手拭壱ツ・半紙五状・白砂糖壱袋・足袋壱足・是はおわかへ、肴至来、半紙壱状ツ、

男女共へ

○正月一一日

御かゝみ餅供

○七月一五日　盆句・盆礼

一、本家へ御墓参りニ行、夫ヨリ武之寺へ御施我鬼参りニ行

一、弐百文・備壱組添　得法院回向料

○一一月一四日

一、備壱組・そば壱重　芝下より至来

但し、おつね三才の祝のよしニ而

(2) 鏡餅は正月に限らない

①盆の鏡餅―祖霊祭祀との関係―

『浜浅葉日記』に記載された年中行事のなかでは、鏡餅[1]が登場する機会は二度ある。それが正月と

盆である。逆にいえば、浜浅葉家の場合、鏡餅は盆と正月にしか用いられないことになる。正月ともに盆は、村の生活の中では他の年中行事にも増して大きな位置を占めている。[2] 村に暮らす人々にとっては一年のうちの二大行事であるといってよかろう。それは日記中に示された記述量の多さによってもうかがい知ることができる。

浜浅葉家では、盆に搗いた餅で「備(そなえ)」を作り、その一組を送り盆（一五日）のときに寺へ回向料として上げている。また、そのとき作った丸餅を妻の実家（「三ヶ浦」）に盆句として遣わしている。この餅は正月でいえば年玉にあたる。このほか、七月一六・一七日には、盆礼（盆句）にやってきた客を餅でもてなしており、正月の年始客を雑煮餅でもてなすのとやはり同様である。餅に関していえば、盆行事は浜浅葉家にとっては正月行事と同様の形式で行われていたことがわかる。

正月と盆という家の二大行事に用いられるということは、鏡餅は正月と盆の共通項となる祖霊祭祀（先祖供養）にとって重要な意味を持っていることを示すものでもある。そのことは、反対にみれば、正月と盆とは儀礼的に近しい関係にあることを示すものともなろう。家における祖霊祭祀の行事には、唯の餅だけでなくどうしても鏡餅が必要であったといえよう。祖霊を迎え祭ること、およびそれに鏡餅が必要とされることは、神道や仏教といった既成宗教の枠を越える民間信仰的な観念であることもあらためて理解されよう。

民俗世界において、鏡餅が祖霊祭祀に用いられる例はほかにもある。その一例を上げると、長野県

須坂市の旧家に伝わる寛政六年（一七九四）の『田中家家訓家定書』（田中、一九八六）には、

「今日安楽に暮らしいる幸いはこれ皆先祖代々の厚き恵みによるものである、ついては例年御鏡一飾りずつ差し上げ、この辷を毎月十一日一族永久会談の時に残らず謹みて頂戴する、有り難きことである、毎月式日尊霊の前へ御礼のため怠りなく出て勤めるべきこと。」

とあり、毎月鏡餅が先祖に供えられていたことがわかる。これは祖先を同じくする一族が先祖を祖霊として祭る行事であるといえ、その時供えられる鏡餅は、毎月一一日に下ろしてきて調理し、それを一族みんなが集まり会食することになっていた。まさに、祖霊祭祀とその直会にとって鏡餅が大きな役割を果たしていたことを、この事例は教えてくれる。

②人生儀礼の鏡餅

先に示した『浜浅葉日記』元治二年一一月一四日の日記には、分家である「芝下」の子「おつね」の三歳の祝いとして、「備壱組」が「芝下」から到来したことが記されている。これは、日時からいって、現代でも行われている七五三の祝いであると考えられる。現代では赤飯が七五三の祝いとして用いられることが多いが、当時浅葉一族の間では祝いとして鏡餅が配られていたことがわかる。

この他、七五三の祝いとしては、慶応四年一一月一四日の記載に、「本家より仙太郎（三歳）祝ニ付備壱組・丸餅十三至来」（横須賀史学研究会、一九九〇）とある。これら以外の年には、一一月一四日に餅を搗くことはあっても、鏡餅が作られたり配られたりすることはない。「おつね」にしろ「仙

太郎」にしろ、具体的に子供の三歳の祝いがあったときにのみ、一一月一四日に鏡餅は作られるといってよい。このことからいって、このときの鏡餅は、年中行事として毎年一一月一四日に作られるのではなく、明らかに人の一生にまつわる儀礼において作り配られたものであることがわかる。

こうした人生儀礼に関連して鏡餅が用いられる事例として、祖霊祭祀との関係からとくに注目されるものに葬儀がある。安政七年（一八六〇）七月九日には、「大備、丸餅三十五　本家へ香花料とも」（横須賀史学研究会、一九八二）贈ったことが記されている。これは、七月六日に本家の「おうた」が病死したことに伴うものである。浜浅葉家では、翌七日には本家に行っていた当主が暮六ツ時（午後六時前後）に帰宅すると、さっそく餅搗きを行っていたことが日記からわかる。この餅で鏡餅や丸餅が作られたと考えられる。人の一生における締めくくりの場面において、鏡餅は登場することになるわけで、それは先祖供養そして祖霊祭祀へと続くものであるといえよう。

そのように、葬儀に際して作られる鏡餅が人の世界（この世）から神の世界（あの世）へと旅立つ時に作られるものとするなら、三歳の祝の鏡餅はその逆を示すものと言えよう。つまり、人生儀礼における鏡餅はあの世とこの世の境界を示すものとなる。

（3）　鏡餅の贈答

『浜浅葉日記』に描かれる正月風景には、現代では贈るという習慣のほとんどなくなった「備え餅」（鏡餅）が、本分家や親戚との間でさかんにやり取りされる光景がみられる。たとえば、正月五日には浜浅葉家では妻の実家である「三ヶ浦」へ年玉として一組の鏡餅を贈っている。それに対して、同月八日には反対に「三ヶ浦」より鏡餅が贈られてくる。また、正月七日には本家にやはり年玉として鏡餅を贈っている。このように、備え餅も、家と家との間でやり取りされることに何らかの意味があったことが予測される。

餅や赤飯はそれを贈ったりもてなしの料理に用いたりすることで自家の行事を他家に知らせ、結果として自家の存在を社会化することにつながったことは前述の通りだが、正月といういわば他家でも十分に認識されている行事の場合、とくにそうしたときだからこそ、その家の存在をアピールするものとして普通の餅ではなく備え餅が必要とされたと考えられる。言い換えるなら、他の行事のときには丸餅や赤飯で事足りていたものが、正月というもっとも晴れやかで、またすでに社会化された儀礼のときには、自家の顕示にはとくに備え餅の贈答が必要であったことになる。

その理由のひとつとして、鏡餅が神に供えられることを前提にした餅であるということが上げられる。それは、備え餅と他の餅との食されるまでの時間の違いに端的に現れる。通常、餅や赤飯の贈答がなされると、贈られた家ではそれはあくまで食物として扱われ、それほど時をおかずに食べられてしまうが、正月の備え餅の場合には贈られた家では一定期間神棚や年棚に供えた後、自家で飾った備え餅と一緒に一月一五日前後のカガミビラキの日に下ろして調理することになる。つまり、正月の備え餅は、贈る側にしてみれば、贈り先で一定期間供え物にされることに、贈る意義があるといえる。

言い換えると、鏡餅は人と人を結ぶとともに、神とも結び付ける機能を有している。

そして、もうひとつ鏡餅のやり取りの中で注目されるのは、他の家とのやり取りとは違って、本家に対しては、わざわざ「大備」とことわって大きな鏡餅を贈っている点である。さらにいうと、この場合、鏡餅が本家から返されることはないことに気がつく。「三ヶ浦」の場合には鏡餅はあくまで年玉として互いにやり取り（交換）されるのに対して、本家との間では一方的に鏡餅は分家である浜浅葉家から本家に贈られるだけである。この点は、元治二年以外の正月にも確認することができ、この年だけの特別な事例ではない。

そうなれば、鏡餅は姻族や分家同士など同格の家との間ではあくまで交換を前提としてやり取りされるのに対して、本家と分家というような系譜的な意味での序列がある場合には、交換という双方向性を持たず、鏡餅はより上位のものに対して一方的に贈られるという一方向性の傾向を持つといえる。

そうしたことは、ひとつには、鏡餅が、先に述べたように、祖霊祭祀（先祖供養）と深くかかわって用いられることと関係していると推察される。正月や盆といった祖霊を祭る行事に際して、本分家の関係は顕在化し一族の人々に再認識されるわけで、現実の経済力でいえば、浜浅葉家は本家と同等かそれ以上の力を当時備えていたにもかかわらず、やはり祖霊祭祀の場においては本家と分家という関係が厳然と明示されることになる。そうしたことが鏡餅の贈答が分家から本家へという一方向性を持つ背景にはあるのではなかろうか。

5　雑煮とはなにか

(1)　神祭りと雑煮

民俗学における一般的な解釈では、鏡餅は年神への供物またはその依り代として供えられる餅であり、雑煮はそうして供えられた品々をひとつの釜で煮て直会の席において神人共食するための料理である。柳田国男は「年頭の正式食物の名にわざと雑煮の語を当てるのは本来ではない」と考え、そうした一種の混乱は、中世におこったことであるとした。そして、それは正月祭りにおける信仰の衰退が招いたことであり、都市生活の生んだ感覚の変化にもとづいたものだとした（民俗学研究所、一九五一）。

そうして、柳田は日本各地における雑煮の呼称に着目した。雑煮は、オツケモジ（福島県石川郡）、モチズイモノ（岐阜県加茂郡、山口県阿武郡、鹿児島県川内市など）、モチニ（広島県山県郡）などさまざまに呼ばれている。このうちとくに、ノーリャー（熊本県玉名郡、長崎県平戸市）、オノウライ（福岡県島嶼部、同遠賀郡芦屋町）、ノウレェー（福岡県南部）など九州地方の方言に注目し、それが直会に由来するものであるとした（柳田、一九三六ａ）。

この発見は、雑煮と年神とを結びつける柳田説にとって大きな意味を持っていた。柳田は、神祭に参加しその供え物を食することをナオライと呼んでいるところが多いことから、先に示したように、雑煮も本来はそうしたときの食物であったと推論している。したがって、現代のように、正月に神祭りらしきものは何もしないが、雑煮は食べるというのは、正月における神祭りの観念が欠落して以降の新しい習慣であるとした（柳田、一九三六a）。

先に検討したように、餅が登場する機会は年間に多数存在するが、とくにその重要性が際だっているのが正月である。正月は一年のうちでもっとも大量の餅が作られる機会である。また、年中行事の中でもっとも重要視される儀礼であるからこそ、もっとも多くの餅が作られ消費されるのだといえる。

そうした正月とは、一言でいうなら年神を迎える家の行事ということになる。夕方がその日一日の終わりであると観念されていたときには、それまでに餅を搗いて鏡餅を作ったり年神棚をこしらえたりして準備を整え、大晦日の夜に年神を迎えた。そうして年神を迎え祀り、明くる日の朝つまり元旦の朝に、年神に供えたものを下ろしてきて人がいただく。その食物がいわゆる雑煮なのである。

(2)　雑煮は正月に限らない

神祭りにおける直会の食物として雑煮が用いられるなら、なにも雑煮を食する機会は正月に限らないであろう。年中行事のうち神祭りを伴うものはいくつもあるからである。

そうした点について、『浜浅葉日記』からは興味深いことが読みとれる。以下は、元治二年の日記から雑煮に関する記事を抜き出したものである。

○正月八日

雑ニ餅…年始客（「三ヶ浦」、「門前」）へのもてなし

○正月一〇日

雑ニ餅…来客（「武之老僧」）へのもてなし

○正月一九日

雑ニ餅…年始客（「鎌倉馬立能悦」）へのもてなし

○六月二五日

雑ニ餅（根芋入）…回向に呼んだ和尚様への昼飯

○八月二〇日

雑ニ餅…本家にて馳走

○一一月五日

粟餅雑に…夕飯（稲こき仕舞）

まず、正月についてみてみると、『浜浅葉日記』の伝えられる三浦半島では、現在一般には雑煮は正月三が日に家族で食すものであるが、当時浜浅葉家では家族で食するとともに、年始などで訪れる来客へのもてなしにも盛んに用いられていたことがわかる。しかも、もてなしに雑煮が供されるのは、一月八日・一〇日・一九日とあり、三が日に限定されない。このように、雑煮がもてなしに用いられ

ること、および期間が正月三が日に限定されないことは、中世の文献史料からも確認されている（都丸、一九八八）。

また、前記の日記からは、雑煮は必ずしも一月に限られたものではないことがわかる。六月には回向に呼んだ和尚への昼食として出したり、また反対に八月には本家を訪ねた折りに雑煮を馳走になったりしている。この雑煮は、前後の記述から、八月の十五夜のために搗かれた餅である可能性が高い。また、一一月には「粟餅雑に」が作られている。このアワ餅の雑煮は、「稲こき仕舞」という家の行事に伴うもので、稲こきの終了を祝って雇人に夕飯として振る舞ったものである。

さらにいえば、雑煮はなにも米の餅だけでなくアワ餅でも作られていたことがわかる。前記の事例を見る限り、アワ餅の雑煮は米餅の雑煮に比べると一段儀礼度が低い行事つまり社会化をあまり必要としない家の行事に用いられているように考えられる。

以上のように、かつて雑煮はもてなし料理のひとつとして正月以外にも作られていた。おそらく、もてなし料理として用いられたということは、正月の場合をみてもわかるように、客がやってくる日の前後において、浜浅葉家では家の行事や祝事に際して餅搗きが行われていたのではなかろうか。どちらにしろ、かつて雑煮は正月だけのものではなかったこと、および家族だけで食べるものではなく、もてなし料理にも盛んに用いられていたことが、『浜浅葉日記』からはわかる。なお、この点は、明治以降つまり近代に入ってからの『浜浅葉日記』においても確認される。

6　赤飯とはなにか―小豆飯との対比から―

(1)　赤飯と小豆飯の使い分け

米と小豆の組み合わせという点からすれば、小豆飯と赤飯はほとんど同様の食物であるといえよう。しかし、第2表に示したように、『浜浅葉日記』では、赤飯と小豆飯とが厳密に使い分けられている。小豆飯が作られるときには赤飯は作られず、またその反対に赤飯が作られるときには小豆飯が作られることはない。しかも、たとえば一一月から四月にかけては小豆飯が主として用いられるのに対して、五月から一〇月にかけては赤飯が用いられるというように、時期的に偏りをもって使い分けがなされている。

そうした小豆飯と赤飯の使い分けには、いかなる背景があるのだろうか。そうした背景のもっとも根本にある問題が、用いる米がモチかウルチかという点にあると筆者は考えている。そうして、そのことは、蒸すと煮る(炊く)という調理法の問題ともかかわっている。つまり、小豆飯は通常の飯と同様に炊くものであるのに対して、赤飯は大抵の場合蒸して作られる。が、そのとき赤飯に採用される蒸すという調理法は、モチ性をより強調するためのものであるといえる。せっかくのモチ米も通常の飯のように炊いてしまうと、その粘り気はウルチ米とさほど変わらないものになってしまうためで

第2表　赤飯と小豆飯の対比

月日(行事)	(赤　飯)	(小豆飯)
1月23日(明王様縁日＊1)		・小豆飯：供え物(明王様縁日)
2月1日		・小豆飯：供え物
3月3日(お百度参り)		・小豆飯：供え物
3月9日(お神楽)		・小豆飯：供え物
3月15日(正月＊2)		・小豆飯：供え物
3月23日(明王様縁日)		・小豆飯：供え物(明王様縁日)
4月15日		・小豆飯：供え物
5月5日(節句)	・赤飯：供え物(節句)	
	・赤飯：本家「浅葉家」へ遣い物(同上)	
	・赤飯：妻実家「三ヶ浦」へ遣い物(同上)	
5月28日(法楽＊3)	・赤飯：供え物(法楽)	
	・赤飯：来訪僧へもてなし(同上)	
閏5月1日(甲子様)	・赤飯：供え物(甲子様)	
閏5月5日	・赤飯：本家より御奉行様へ遣い物	
閏5月9日(仕舞田＊4)	・赤飯：供え物(仕舞田)	
	・赤飯：本家へ遣い物(同上)	
	・赤飯：妻の実家へ遣い物(同上)	
	・赤飯：源左衛門へ遣い物(同上)	
	・赤飯：来客へもてなし	
閏5月11日	・赤飯：来客へもてなし	
閏5月13日(粟蒔の祝)	・粟の赤飯：粟蒔の祝	
	・赤飯：往診の医者へもてなし	
閏5月14日	・赤飯：来訪僧へもてなし	
閏5月23日(明王様縁日)		・小豆飯：供え物(明王様縁日)
6月15日(天王様)	・赤飯：供え物(天王様)	
	・赤飯：本家へ遣い物(同上)	
6月16日	・赤飯：来訪僧へもてなし	
6月22日(お神楽)		・小豆飯：供え物(お神楽)
6月23日(明王様縁日)		・小豆飯：供え物(明王様縁日)
6月26日(新箸の祝＊5)		・小豆飯：供え物(新箸の祝)
7月15日(盆の送火)		・新小豆飯：供え物
7月23日(明王様縁日)		・小豆飯：供え物(明王様縁日)
7月24日		・新小豆飯：供え物
8月4日(彼岸中日)	・赤飯：供え物(彼岸中日)	
	・赤飯：妻の実家へ遣い物(同上)	
	・赤飯：本家へ遣い物(同上)	
	・赤飯：親類「門前」へ遣い物(同上)	
8月23日(明王様縁日)		・小豆飯：供え物(明王様縁日)
9月9日		・小豆飯：供え物
	・赤飯：畑年貢納入者へもてなし	
	・赤飯：来客へもてなし	
10月4日		・小豆飯：本家へ遣い物
10月15日(念仏講)	・赤飯：念仏講の献立のひとつ	
	・赤飯：本家へ遣い物(念仏講)	
10月16日	・赤飯：勘四郎へ遣い物(念仏講)	

10月20日(えびす講)	・赤飯：供え物(えびす講)	
	・赤飯：本家へ遣い物(えびす講)	
10月21日	・赤飯：来客へもてなし	
	・赤飯：来客へもてなし	
10月28日	・赤飯：来訪僧へもてなし	
11月16日(八幡社神楽)		・小豆飯：供え物(八幡様御神楽)
11月23日(明王様縁日)		・小豆飯：供え物(明王様縁日)
12月８日		・小豆飯：作る
12月12日(すすはき)		・小豆飯：作る(すすはき)
		・小豆飯：本家へ遣い物(すすはき)

注１　「明王様」とは武の不動尊のことで、当主仁三郎の個人的信仰に基づいた縁日と思われる。
注２　日記中は「三日之間正月ニ而休」と記され、いわゆる取り越し正月であると考えられる。
注３　仏教行事のひとつ
注４　田植えの終了祝い
注５　ムギの収穫祝い

ある。

日記に登場する小豆飯と赤飯を、その用途により比較すると面白いことがわかる。ともに行事食に用いられることに変わりはないが、少し注意深くみていくと、そうした行事にも小豆飯を用いる場合と赤飯の場合とでは違いがあることがわかる。赤飯の場合は、仕舞田（田植えの終了祝い）やえびす講といった地域住民や親族がみんなで祝う行事つまり集団的（ときに公的）な性格が強い行事に用いられる傾向があるのに対して、小豆飯は家の中だけで完結するような私的な行事に多用される。

必然的に、日記に登場する赤飯は、行事に伴って贈ったり贈られたりというように頻繁に他家との間でやり取りされるのに対して、小豆飯は自家内のみで用いられ、人に贈ったりすることはほとんどない。

そのため、赤飯の場合には、その作られた目的つまり何の行事に伴うものなのかということが贈り先や贈った量とともに日記中に必ず明示されているのに対して、小豆飯の場合、「小豆飯作り、供え」といったごくあっさりとした一文が、ときにその日の日記の末尾に書き添えられているにすぎず、何のために作られたのか日記の記載からははっきり特定できないことが多い。

小豆飯は私的な行事や個人的信仰にもとづいて作られ、それは家の中だけで完結することがほとんどである。たとえば、ほぼ毎月のように二三日になると作られる小豆飯がそうである。それについては何の説明も記されない。おそらく仁左衛門が私的に信心する「明王様」(屋敷神の可能性もある)に供えられていたと考えられる。この他、単に日記中には「作り供え」とだけ記されたもののうち、そのいくつかは先祖の命日のため仏壇に供えられたものと思われるが、これについても他の記述からの筆者の推測にすぎない。

小豆飯を供える機会として特定できたものには、新箸の祝いやススハキ(大掃除)があるが、ともに家の行事であることに変わりはない。新箸の祝いはムギの収穫儀礼であるが、ムギはあくまで家の自給的食料となるもので、米のように年貢の対象となるなど公的な性格を持つものではなく、その儀礼も私的な家の行事の範囲を出るものではない。

それに対して、米にまつわる行事、たとえば仕舞田をみてみると、それは大田和村の場合、村人や親族が共同で行う田植えの終了を祝う行事であり、当然その祝いは田植えを手伝ってくれたユイ仲間や親戚とともに行われることになる。赤飯はそうした仕舞田の祝いの席において御馳走に用いられたり、親戚や手伝ってくれた人々への遣い物にされている。

こうしたことから、赤飯は、餅と同様、社会的な食物であるといってよく、小豆飯に比べると、より大きな社会的意義を有しているといえる。赤飯は公的性格の強い行事つまり村内や親戚内で、ある程度の広がりをもって共有される行事や祝い事に伴って作られるものである。そのため、積極的に他家に赤飯を贈ることで、そうした行事にその家も参加していることを地域住民や親戚一同に知らせ、それと同時に行事に伴う祝いの観念や晴れがましさといったことが共食や贈答の輪全体に共有されることになる。

そうしたとき、赤飯はモチ米で作られていることに大きな意味を見いだすことができよう。その点が、ウルチ米を用いて作る小豆飯との対照でより明確になったといえる。そう考えると、赤飯は、従来いわれているように赤という色に意味があるとすること以上に、モチ米であることに、より積極的な意味を見いだすべきであろう。

（2）赤飯と小豆飯の関係

赤飯と小豆飯とは、それらが作られる時期に注目すると、やはり異なる傾向を示すことがわかる。小豆飯は一月から一二月までの間、回数に多少の差はあるもののすべての月に作られるのに対して、赤飯は一一月から四月までの五か月間には一度も作られることがない。つまり、赤飯の場合、作られる期間（五月から一〇月まで）と作られない期間（一一月から四月まで）とに一年が二分されることになる。[3]

そうした両者の作られる時期の違いというのは、先に述べたような小豆飯と赤飯の用途の違いに関係すると考えられる。まず小豆飯についていえば、屋敷神または私的な信心であるところの明王様の縁日（毎月二三日）にみられるように、浜浅葉家では毎月何らかの私的な行事が行われており、そこには必ず小豆飯が伴っている。つまり、私的行事が毎月行われているため、小豆飯も毎月作られているといえよう。

それに対して、赤飯の場合は、一年のうち作られる時期と作られない時期に二分されるが、それは餅との関係から説明することができる。つまり、一一月から四月までの期間は餅により赤飯は代替されてしまうため作る機会がないと考えられる。そうした期間には、正月の餅を中心として備え餅・新粉餅・あべかわ餅・かた餅・おはぎなどさまざまなタイプの餅が、それぞれの儀礼に応じて作られている。そのため、小豆飯との対照でみられたような赤飯の持つ公的・社会的な機能は、こうした時期にはすべて餅が代表してしまう。それに対して、五月から一〇月の時期は、赤飯の役割が餅ですべて代替されてしまうことはなく、餅とともに赤飯は儀礼ごとにきちんと使い分けられている。この時期、赤飯は餅のバリエーションのひとつとなり、餅と同様の社会的機能を果たしているといえよう。

そこでまたひとつ赤飯に関して疑問が湧いてこよう。なぜ、一一月から四月までの時期は社会的機能は餅に代表されてしまうのに、五月から一〇月にはそうした社会的機能の一端を餅とともに赤飯は担うことになるのかということである。その疑問に答えるには、赤飯の儀礼と餅の儀礼との違いを検討していく必要がある。

まず、第一にいえることは、一一月から四月までの期間は、正月を中心とした儀礼において餅が重要な意味を持っていることである。餅がなくてはならない、言い換えると赤飯では代用できないような、儀礼的な重要性が正月には存在することになろう。それは盆に搗く餅にもいえることである。先にも鏡餅について論じたように、正月と盆に共通する儀礼的要素とは、祖霊祭祀（先祖供養）となにかしら関わるものであると考えられる。祖霊祭祀には、備え餅に代表されるように、餅は欠かせない存在であり、それは赤飯では代替できないものであるといえよう。

次に、赤飯の作られる機会に注目してみよう。日記中に明確に赤飯を作る理由が記されている場合を第1表中より取り出してみると、五月節供・仕舞田・粟蒔きの祝い・天王様・宮参り・彼岸・とこあけ祝い・念仏講・えびす講がある。これらをみると、ひとつには宮参りやとこあけ祝いまた節供など人生儀礼に関わる行事が比較的多くみられることなど、儀礼としては村全体に共通するものというよりは、親族（本分家や親類）の中で完結するようなものが主であることがわかる。先に述べたように、正月や盆といった村全体に共通するような行事には餅が最重要視されることを考えあわせると、赤飯は餅に比べて儀礼の社会化の度合が低い機会に作られるといえるのではなかろうか。

最後に、儀礼の社会化の度合を指標にして、小豆飯・赤飯・餅の関係をみてみよう。日常の食物に比べれば、小豆飯はそれが用いられる儀礼の社会化の度合は高いといえる。しかし、それはたいてい家の中だけで完結する私的な祝いや行事に際して作られるにすぎない。したがって小豆飯が、浜浅葉家以外の家に贈られることはほとんどない。そうした小豆飯に比べると、赤飯はさらに一段社会化の度合が高いといえる。赤飯の場合は、その行事や祝い事が家の中で完結することなく地域社会や親族に知らしめられ、その結果、赤飯は贈答というかたちで家と家との間でやり取りされる。そして、さらにいうと、正月の備え餅に代表されるように、村全体に共通するようなもっとも儀礼の社会化の度合が高いときには、赤飯よりも餅が優先して使われる傾向にある。つまり、まとめると、小豆飯→赤飯→餅の順で、その家で行われる儀礼の社会化の度合が高くなるといえよう。

7　取り越し正月にみる餅の意義—通常の正月との対比から—

(1)　取り越し正月とは

通常の正月に対して、元治二年の日記には取り越し正月と考えられる行事が記されている。そこでは通常の正月にみられるような備え餅の贈答は行われていない。餅搗きは行われていても、備え餅は作られない。たんに丸餅を作ったことが記されるのみである。そうしたところに、正月における備え餅の意義の一端を見いだすことができる。

取り越し正月とは、家に何か悪い出来事があると、たとえ年の半ばであってももう一度正月をやり直すことである。まさに浜浅葉家にとって、この元治二年はそうした年であった。この前年に起こった「江戸越訴」[4]の件で、翌元治二年は正月以来名主である本家の仁右衛門の責任が問われることになる。仁右衛門は正月中何度となく役所から追求を受けることになり、その結果二月二五日にはとうとう「名主休役」にまで追い込まれている（鈴木、一九八三）。浅葉家のほかにも地方三役である年寄りや百姓代にまで累が及んで、村の一大事となっていたことがわかる。加えて、浅葉家では二月に疱瘡が発生し、前年一〇月四日に生まれたばかりの子息（浅葉太市郎）が三月四日に亡くなっている。

そんなとき、当然、分家である浜浅葉家にも種々の影響があったと考えられる。そうしたことがあって三月一四日の日記には、もう一度正月をやり直し新たな年を迎えようとした記述がみられる。なお、この場合、以下の記述にあるように、三月一五日（つまり取り越し正月の元旦）に村中で村役人に挨拶にいっていることや組合（五人組）中は互いに年始などの行為は行わないようにという申し合わせがなされたことから推察して、この取り越し正月は浅葉一族だけのものではなく、村全体に及ぶものであったと考えられる。

そうしたことからいって、この場合の取り越し正月は、比較的近年まで民間に伝承されてきた事例つまり前年に家に死者が出たりまた厄年のものがいるために行われるような個人的な動機にもとづく取り越し正月（平山、一九四九）とは違うものである。こうした取り越し正月の根本にある心性は、一種の世直しに通ずるもので、とくに近世に多くみられたものであるといえよう（宮田、一九九四）。

〈取り越し正月における大晦日と三が日の日記〉

三月一四日　己丙

一、早朝ニ源蔵松切ニ行、夫より掃除、尤、明日より三日之間正月のよし申通し参り候

一、本家へ正月之事聞合ニ行、即刻帰り支度いたし候

一、生か地こしらえ植、茄子もふせ、唐茄子・唐からしもふせ参り候

一、昼後ニ餅搗いたし、米五升・粟三升餅搗いたし候

一、夕かたニ門松立支度いたし候

一、勘四郎殿よりこんにやく十三到来

一、さつま芋植いたし候

一、神だなへも少々かざりいたし候

三月一五日　庚戌

一、小豆飯出来供、丸餅供、

三日之間正月ニ而休、村中村役人ニ礼ニ行、本家之分は孫右衛門殿ニ而受候積りニ候、組合中たかゐニ行きなし之積り

一、仁左衛門殿・十郎兵衛殿礼ニ参り候、八郎左衛門殿も参り候

一、本家より年玉至来

一、半紙五状、袋金弐朱入、手拭壱ツ、のり壱状、にこり酒壱徳り
一、前掛壱ツひもとも　是はおわか
半紙壱状三ツ　下男下女中
一、専蔵参り、昼飯出し候
出金壱朱　専蔵にかし
金壱両二歩　わた代ニ受取
一、ひな様出し候
一、いなだ壱本　佐島平造殿より至来
三月一六日　辛亥
一、源蔵浜へ行、本家より三次手紙持参り、おしま同道ニ而行、尤、嘉十郎極内々用向ニ而江戸行候ニ付、八ツ時頃ニおしま帰宅
一、舜海和尚御出、尤、扇子山留主居致たきよしニ而、昨夜九兵衛方へ泊り候よしニ而御出被成、茶菓子を出、夫より餅出し本家へ御出被成候、六左衛門殿礼ニ参候
一、小坪七左衛門殿助七之事ニ而参り、即刻本家へ行
一、源蔵・勘蔵休、昼より勘蔵長井北川へ買物ニ遣し
一、五百文　極上之酒壱升

一、弐百文　白酒三合
　出〆七百文　北川払
一、にしめ物本家へ持せ遣し候、本家より至来
一、すし出来、すし少々本家へ持せ遣し候
一、七右衛門殿・弥右衛門殿礼ニ参、弥左衛門殿参り、茶・餅を出し、夕方ニ帰り候
　出百文　勘蔵にかし
　出〆八百文

三月一七日　壬子
一、昼より源蔵三ヶ浦へ餅持せ使ニ遣し候
一、丸餅壱重・新生か壱わ　三ヶ浦内へ
一、新生か壱わ　門前へ
一、ひちゞき三ヶ浦より至来
一、勘蔵浜へ行、今日迄正月ニ而休、尤、粟之穂かさりいたし候
一、丸餅重ニ入　本家へも持せ遣し候
一、丸餅重ニ入　芝下へも持せ遣し候
一、本家よりも餅至来致候

（2）取り越し正月の餅

取り越し正月に作り供えられた餅は、通常の正月の「備え餅」とは違って、一般の行事のときによく作られる「丸餅」である。また、先に論じたように、赤飯と比べると行事としては私的な意味合の強い儀礼食である小豆飯も、丸餅とともに作り供えられている。さらに言えば、取り越し正月に際しては雑煮は作られた形跡がない。

そのように、取り越し正月は、公的性格が強く晴れやかな雰囲気を持つ一月の正月とは対照的に、私的で控えめな雰囲気を持ったものであるといえる。事実、三月一四日（取り越し正月の大晦日）にも、日記中にみえるようにサツマイモの植え付けやショウガの地拵えといった通常の農作業が同時並行的に行われている。

とくに注目するのは、備え餅が作られないこと、当然それを本分家や妻の実家との間で贈答し合うことのないことである。取り越し正月においても、たしかに「年玉」は本家から到来するが、その年玉の中には通常の正月のように「備え餅」は含まれていない。つまり、通常の正月なら行われる、備え餅を贈答することによる家および行事の社会化が行われていないことになる。

また、注目すべきこととして、取り越し正月が三月一五日前後に設定されることによって、本来正月から三月一五日までの間に行われるべきいくつかの行事が、簡略化されたり、また延期されたり、ときに取りやめになったりしていることである。それは、第3表に、通常の年（元治元年）と対照し

第3表　取り越し正月と通常の正月の対比
—1月から3月までの年中行事—

元治2年(取り越し正月の年)		元治元年(通常の年)	
12/26	餅搗	12/25	餅搗
12/28	すすはらい	12/28	すすはらい
		12/29	門松切・門松こしらへ
1/1	御宮参り	1/1	御宮参り
	年始(本家)		年始(本家)
1/2	御宮参り	1/2	年礼(寺)
1/3	年始(寺)	1/3	御宮参り
	御宮参り		
		1/4	門松かたつけ
			粟の穂切り
1/6	年越	1/6	年越
1/7	七々草御祝儀	1/7	七々草御祝儀
1/8	せつぶん		
		1/10	粟穂かさり
1/11	おかがみ餅供	1/11	おかがみ餅供
		1/13	御日待(本家)
		1/14	御日待(本家)
			かせ取り
1/15	小豆かい	1/15	御祝儀
			御日待
1/20	稲之花	1/20	恵びす講
		1/22	甲子講
1/23	小豆飯供		
1/25	御忌	1/25	御忌
		1/28	武山様—初不動—
2/1	小豆飯供		
		2/3	あわ嶋様—淡島神社御祭礼—
		2/8	小豆飯供
		2/11	稲荷祭—初午—
			如来様
		2/23	稲荷講
		2/29	御雛様飾り
		3/2	餅搗
3/3	小豆飯供	3/3	節供
			小豆飯供
		3/6	天神島開帳
		3/7	御雛様仕舞
3/9	御神楽	3/9	御神楽
		3/12	種蒔仕舞
			焼米搗
3/14	松切・門松立		
	餅搗		
	神だな飾り		

3/15	正月(17日まで取り越し正月三が日)		
	小豆飯・丸餅供		
	御雛様飾り		
3/17	粟之穂飾り		
		3/20	庚申様
3/23	御雛様仕舞	3/23	小豆飯供
		3/24	甲子講
			百万遍
3/25	庚申様		
3/26	種蒔仕舞		
	焼米搗		
3/29	甲子講		

て示した通りである。たとえば、雛の節供がそうである。この年三月三日には結局雛人形は飾られた形跡がない。たしかに三月三日には煮しめや小豆飯といった儀礼食を作ってはいるが、例年ならある餅搗きは結局行われなかった。それは明らかに雛を飾り餅を搗いて迎える例年の雛の節供とは違うものである。この場合は、三月一五日の取り越し正月のときに、あわせて雛が飾られている。取り越し正月を契機にして、あらためて雛祭りが行われたものと考えられる。この他、正月一五日の若年(小正月)には、本来なら一四日に餅を搗き餅飾りを作って日待ちするところが、そうしたことも行われていないし、また二月初午(四日)には例年なら餅を搗き小豆飯を作って稲荷講を行うところがそれもない。

こうしてみてくると、一月から取り越し正月の三月一五日までに行われた行事は、本来のあり方からすればどこかしら簡略化されたものになっているものが多い。そのとき簡略化された部分は、多くの場合、餅をこしらえることであった。もちろん餅を贈ったり贈られたりすることもない。これは、その間のそうした行事が他家に知らされることなくつまり社会化されることがなく、家の中で控えめに行われたことを示している。この間、経過した時間の密度は儀礼的に希薄なものとなってしまっていたわけで、それを取り戻し補完する機会として取り越し正月を設定し、新たにその一年をやり直そうとしたと考えられる。だからこそ、三月一五日の取り越し正月を契機に、一五日には雛の節供（例年三月三日）、一七日にはその年まだ行われていなかった「粟の穂飾り」（例年一月一〇日）が行われたといえよう。

また、反対に、取り越し正月は餅の贈答が行われないことで多分に私的な性格を持つにいたったといえる。取り越し正月は、その存在自体が民意を反映した自由な発想のもとにある行事であるといえるが、通常の正月に比べてその儀礼内容は控えめで多分に私的な雰囲気を有する正月である。通常の正月なら、備え餅に代表される年玉が本分家間だけでなく妻の実家などの親類や隣組・村役人などの間で贈ったり贈られたりして、正月の行事は村社会や親族の間では共有されるべき公的な行事であった。当然、通常の正月には、組合中や村役人へ挨拶に行くといった社会的な決めごとも存在した。それに比べると、取り越し正月は、日記中に記されているように、組合中では年始まわりなどの互いの行き来を自粛しようという意識がみられる。このことをみてもわかるように、本来の正月が有する公的な面があえて制限されている。そうした取り越し正月の有する私的な性格が、本来ありえない三月一四日からの正月がもたらす暦法上の混乱をうまく解決し自らに納得させる上で大きな意味を持っていた。そこに、取り越し正月のもつ融通性を見いだすことができる。

そうした取り越し正月の融通無碍さ臨機応変さは、先に示した雛祭りに対する扱いに明瞭にうかがうことができる。この年、浜浅葉家における三月三日の雛祭りは、本家の子息が疱瘡に罹るという事態を反映して、たんに小豆飯とお神酒を供えるだけの質素なものであった。例年なら行う餅搗きもしていないし、なにより雛飾りを出すことさえ控えている。それが、取り越し正月を機に、雛の節供をもう一度やり直すことになる。そこには、正月のような村全体の意思統一や村内の社会的規範とは無関係に、臨機応変な対応をみることができる。三月三日の時点で、取り越し正月と併せてもう一度雛の節供をやり直すという意図があったかどうか不明であるが、この三月三日の雛祭りの当日には、浜浅葉家ではごく簡素な供え物をするだけに留め、その日には当主自ら本家に行って本家子息の平癒を祈願してお百度を踏んでいる。結局その願い虚しく翌四日には病人は亡くなったため、浜浅葉家の当主はその通夜に参列している。

そうした経緯のもと、取り越し正月という新たな年を迎え、浜浅葉家では正月とともに雛の節供をやり直すことになったと考えられる。そこでは家の事情が斟酌され、結果として、村社会とは別個な対応を可能にしたといえる。そのとき、これが通常の正月であったら、そうしたことは起こりえなかったであろう。あくまで、通常の正月ほど公的で社会的規範の強くない取り越し正月であったからこそ、臨機応変に雛祭りをやり直すという融通が利いたと考えられる。このとき、そうした「正月＝公的」に対して「取り越し正月＝私的」といった対照を生むひとつの重要な背景に、餅（とくに備え餅）の贈答の有無があると考えられる。

注

［1］　鏡餅について、浜浅葉家では「備」と「御か丶み餅」とは、表記する上で何らかの使い分けがなされていた可能性がある。日記の記載の仕方からいって、「御か丶み餅供」は正月七日の「七々草」と同じに、正月一一日の行事名を表わしていると考えられる。

［2］　辻井善弥は、筆者同様、『浜浅葉日記』の分析から、正月と盆に特別な贈答がくり返されていることに着目し、それは正月と盆がとくに重要な神祭りの行事であることに関係すると論じている（辻井、一九九四）。

［3］　赤飯の作られる期間（五月から一〇月まで）にありながら、七月だけは例外的に赤飯は作られない。その理由としては、この時期は盆を中心に餅が作られており、そうした餅により赤飯が代替されるためであると考えられる。

［4］　「江戸越訴」とは、地元の役所が訴えを受理してくれないため江戸の藩邸へ直訴するもので、非合法の手段である。このときの越訴では大田和村の名主を務める浅葉本家の仁右衛門も首謀者の一人となっている。

第２章　雑煮の意味　家風と女性

１　家風と餅なし正月伝承

第Ⅱ部で注目する餅なし正月伝承を解釈しようとするとき、家風の視点は重要である。餅なし正月の伝承は、ともすると「……してはならない」という禁忌の面にばかり目が向けられ、伝承行為としてはいわばマイナスの方向性を持つものとして捉えられてきた。しかし、正月というもっともあらたまった時空における家の伝承は、必ずしも禁忌伝承のかたちをとるとは限らない。当然、「……しなくてはならない」と表現されることも多く、そうした家の伝承を研究者は積極的に評価し、他家（他一族）と違ったことをする、自家（自一族）意識の表明であるという視点で捉えることは重要である。本章において、餅なし正月伝承を数ある家風のひとつにすぎないと捉えるのは、そうした研究上の意義に注目するからである。

家風は、通常、民俗学ではカレイ（家例）と称されるが、そのほかカルイ・エンギ（縁起）などというところもある。ここでは、調査地の埼玉県三郷市で民俗用語として採集されたカフウ（家風）の語を用いることにする。家風は、年中行事のなかでもとくに正月や盆行事に顕在化することが多い。その分布をみると、関東地方に比較的多くみられるとされる（宇田、一九八八）。そうした分布上の特徴を示す理由は、ひとつには、関西においてはムラを単位とした年中行事が多いのに対して、関東における年中行事は家の行事として行われることが多いことと関係すると思われる（福田、一九九七）。

餅なし正月伝承に対して日本民俗文化の根幹に関わる問題として強く光を当てたのは坪井洋文である。彼の導き出した説、つまり餅なし正月伝承は畑作文化と稲作文化の葛藤から生まれたとする説（坪井、一九七九・一九八二b）は、畑作文化が稲作文化により抑圧・排除される過程として描かれたが、それは明らかに暗く否定的な背景を餅なし正月伝承に読みとったものである。しかし、餅なし正月に付随する伝説に目を奪われることなく、現象として正しく餅なし正月伝承を捉えるなら、正月において餅より先にそばやイモを食べるという行為はそれほどめずらしいことではないし、握り飯など米を主体とした食物が餅に代わる正月の儀礼食に用いられることも多いことに気づくはずである。正月の儀礼食をみていくとき、米と畑作物とが対立構造をなすのはむしろ稀なことであるといえる。

餅なし正月伝承の詳しい検討は第Ⅱ部に譲るとして、ここでは正月儀礼にみる複合性について概観しておこう。実際には、正月儀礼においては餅に象徴される米と、そば・うどんに象徴される雑穀およびイモといった畑作物が正月中において時を同じくして、また少しずつ時間をずらしたり、作法を違えたりしながら用いられているわけで、現象面に注目するなら、餅なし正月伝承とは正月の本来有する複合的性格を強調するものであるといえる。餅なし正月伝承を生み出した正月儀礼の持つ複合性の背景として、今一度家風に注目してみたい。

家風が一年のうちでもっとも明確に意識されるのが正月である。そうした正月の中でもとくに雑煮をめぐっては家風が顕在化し強調されやすい。ここでは人の一生のうちでもっとも強く家風が意識化される機会として婚姻を取り上げてみることにする。具体的には、いわゆる餅なし正月を伝承する家で生まれ育ち、そこから他家に嫁いだ女性に注目する。調査の時間軸はその婚姻が行われた昭和一〇年代（一九四〇年前後）に設定した。

調査に協力いただいた方は東京近郊で現在蔬菜を中心とした近郊農業を営むI氏夫妻である。現当主のIさんは大正一三年（一九二四）、奥さんのTさんは昭和初年（一九二六）の生まれである。Iさんは戸ヶ崎村（現在は三郷市戸ヶ崎）、Tさんは隣の彦成村（三郷市彦川戸）の生まれである。昭和一〇年代に結婚し、Tさんは彦成のT家から戸ヶ崎のI家へ嫁入りした。I家は三五〇年ほど続くIイットウ（同族）の本家に当たり、三軒の分家を出している。それに対して、T家も武田信玄由来の家伝を持ち伝えるなど、やはり彦川戸では旧家のひとつに数えられる。そうしたI家、T家とも本家筋に当たる旧家として多くの家風を伝承する。

2　低平地と商品作物—調査の概観—

三郷市は、東に江戸川、西には中川が流れており、両河川に挟まれた低平地となっている。また、そうした河川の自然堤防上は微高地になっている。低平地は、「カエルのションベン（小便）で水が出る」といわれるほど低湿で、古来から河川の氾濫による洪水に悩まされてきた。域内には、葛西用水（二郷半用水）をはじめとする用排水路や中小河川が南北に走り、一帯に水田が広がっている。水の制御が不完全なため、大水に苦労した反面、干害も多かった。そうした水田地に対して、自然堤防上の微高地には屋敷と畑が作られていた。

そうした三郷市の南西部に戸ヶ崎はある。明治四四年（一九一一）の『戸ヶ崎村郷土誌』（三郷市史編さん委員会、一九九三）には、「土地一般に平坦にして、地味肥え稲麦野菜（主として葱・牛蒡・茄子・胡瓜）などの栽培に適す、（中略）本村は平坦低地なる上に西南両方一帯に堤塘を控るを以て洪水等の際には水はけ悪しく、村民之が為めに困難すること他町村の洪水に比すべくもあらず」とある。

戸ヶ崎村は、昭和五年（一九三〇）の記録では、戸数四三八戸（二六二六人）の村で、耕地は水田二四三ヘクタールに対して畑八六ヘクタールであった（三郷市史編さん委員会、一九九一）。水田率は約七四パーセントあり、いわゆる水田稲作地であった。ただし、戸ヶ崎は三郷市の中では、比較的畑が多くあるとされる。もとはそうした畑ではクイリョウ（自家消費作物）としてサトイモやコムギなどの穀物が作られていた。また、とくに東京という大消費地を控えて、早くからカブ・ダイコン・ネギ・ナス・キュウリ・ホウレンソウ・コマツナ（小松菜）・ツケナ（漬け菜）など蔬菜類の供給地として発達した。そのため、昭和三〇年代半ば（一九六九年頃）には水田の作付け面積が減少傾向に転じ、かつまた畑作物の中でもかつて農家のクイリョウとして作られていたオオムギ・コムギ・アワ・モロコシ・キビといった穀類がほとんど姿を消したのに対して、上記したような出荷用の蔬菜を栽培する畑は急速に増加していった。昭和一六年（一九四一）調査の記録によると、戸ヶ崎村の農業生産高は、水稲が三九二一石に対して、蔬菜は約四〇〇万貫（一万五〇〇〇トン）であった。生産額にすると、水稲が一七万四三五九円に対して蔬菜類のそれは二〇万円に達し、調査の時間軸とした第二次大戦前においてすでに蔬菜類は水稲をしのぐ収入源であったことがわかる（三郷市史編さん委員会、一九九四）。

その戸ケ崎に代々住むI家では、水田六反と畑一町を耕作していた。I家は、とくに畑を多く所有し、ネギ・コマツナ・カブ・ダイコンなど出荷用の蔬菜類の生産に比較的早い段階から特化した都市近郊農家であった。

3　Ⅰ家の年中行事と餅

（1）餅の種類―Ⅰ家の場合―

◇モチ米の餅

モチ米の餅搗きは一年のうちに何度となく行われた。一二月三〇日の正月準備、一月一四日の小正月、五月二〇日頃のサナブリ（田植え祝い）、六月二五日のオマツリ準備（富士浅間社の祭礼）、八月一三日の盆、九月一五日の十五夜、一〇月一五日のオヒマチ（お日待ち）、一〇月三〇日のオカマサマ（お釜様。オカマサマの行事は一〇月三〇日と三一日の二日間にわたる）がある。

一二月三〇日に搗いたモチ米の餅は神様（神棚）や仏様（仏壇）などに供えるオソナエ（鏡餅）を作り、それ以外はのし餅にする。のし餅は雑煮用の角餅のほか、カキモチやアラレ用にも小さく切る。正月のオソナエや雑煮用の餅は必ずモチ米で作るため、正月のために搗く餅は五～六斗（七〇～八〇キログラム）にもなった。なお、オソナエは、正月のほかにも七月一・二日の富士浅間社のオマツリ、一〇月一五日のオヒマチのときにも作られる。

このほか、一月一四日の小正月に搗く餅は、マユダマモチを作るのに用いた。また、搗きたての餅を雑煮にして食べた。マユダマモチは柳の枝に小さく賽の目に切った餅をつけて作る。また、一〇月三〇日のオカマサマの日の餅は小さなマルモチ（丸餅）にした。

また、モチ米の餅の場合、小豆餡を付けてアンコロモチやボタモチにすることもある。ボタモチは、オハギともいい、モチ米を粒のまま丸めて餡でくるむ。それに対して、アンコロモチは搗いた餅に餡を付ける。アンコロモチは、盆とサナブリに作る。盆の餅はほとんどがアンコロモチにされる。ボタモチは、彼岸の中日やカラスブキ（籾すり祝い）に作った。このうち、四月彼岸のボタモチをとくにチュウニチボタモチという。

◇ウルチ米の餅

石臼で碾いたウルチ米の粉をシンコというが、そのシンコで作る餅がシンコモチである。シンコモチは、シンコを湯で練りむすび、それをセイロで蒸してから杵で搗く。そして、その搗いたものを水で冷やしてから、さらに搗き上げる。シンコの餅搗きと藁ブチほど骨の折れる仕事はないといわれるほどの重労働である。しかし、そうして苦労して搗き上げると、モチ米の餅とはまったく違う食感をもつ軟らかく美味しい餅になるという。

また、シンコにクサ（よもぎ）を入れて搗くとクサモチ（草餅）となる。クサモチは三センチほどに丸める。三月三日の雛祭りと四月八日のお釈迦様の日に作る。

◇雑穀（キミとモロコシ）の餅

Ｉ家の場合は、キミ（キビ）は主に第二次大戦前まで、モロコシはその後に栽培するようになった。

ともにモチ種で、キミモチ・モロコシモチにした。こうした餅が作られるのは、正月準備の餅搗きのときである。一二月三〇日、最初にモチ米の餅を搗き、次にキミやモロコシの餅を一斗ほど搗いた。モチ米の餅のようにオソナエや雑煮にすることはなく、一か月ほど乾燥させてからアラレにして日常のおやつに食べる。

モロコシモチは最初はつるつるとして口当たりがよく美味しく感じるが、すぐに飽きてしまう。キミモチはあまり美味しくない。また、アラレにしても、モチ米のように膨れないため堅い。なお、モロコシの場合は、モロコシモチにするほか、粒のまま飯と一緒に炊いて食べた。また、三郷ではモチ種のアワを栽培し、モチ米と合わせてアワモチを作る家もあったが、I家では行っていなかった。

◇ウルチ米のダンゴ（団子）

ダンゴは、シンコ（ウルチ米の粉）を練って適当な大きさにまとめ、それを茹でて作る。九月の十五夜、一〇月の十三夜、一〇月三一日のオカマサマのときに作る。オカマサマのダンゴは、オシルコ（お汁粉）にして食べた。

◇モチ米のオコワ（赤飯）

モチ米をアズキとともにセイロで蒸して作る。年中行事では、七月一・二日の富士浅間社のオマツリ、一一月一五日のオビトキ（帯解き）のときなどに作られるが、そのほか人生儀礼には欠かせない贈答品であり食物であった。

◇コムギのマンジュウ（小麦饅頭）

コムギマンジュウは、七月一五日の天王様の日にその年収穫した新コムギを使って作った。アズキの餡を小麦粉を練った皮でくるんでから蒸して作る。

（2）年中行事と餅——I家の場合——

◇一二月三〇日…正月の餅搗き

二九日にオオソウジ（大掃除）を終え、三〇日に餅搗きを行う。はじめはサンニンヅキ（三人搗き）で行い、最後にアゲヅリといって一人で搗いてまとめる。モチ米の次に、キミとモロコシの餅も搗く。そのため朝三時に起きて餅搗きの支度をした。

◇一月一・二・三日…正月

神社へ初詣に行き、寺に年始回りをする。元日から三日まで雑煮を食べる。詳細は後述。

◇一月七日…ナナクサ（七草）

七草粥を作る。I家では、七草粥の中に餅を入れる。

◇一月一一日…クラビラキ（蔵開き）

オソナエをカミサマ（神棚）から下ろし、くずしてから、雑煮などにして食べる。

◇一月一四・一五日…小正月

正月一四日に餅を搗き、マユダマモチを作る。マユダマモチは神棚にあげるほか、神社の鳥居のところに縛りつけてくる。この日には、搗きたての餅で雑煮を作って食べる。翌一五日には、朝にアズキガユ（小豆粥）を作って神棚に上げ、オシルコ（お汁粉）を食べる。オシルコは、アズキガユより前に食べてはいけないとされた。

◇三月三日…お雛様

クサモチ（草餅）を作った。クサモチはお雛様に飾り、自分たちでも食べた。

◇四月八日…お釈迦様

クサモチを作り、非農家の親戚に配る。また、日頃野菜を出荷する市場（東京都江戸川区）に持っていき、みんなに振る舞う。

◇四月…彼岸

チュウニチボタモチ（中日ぼた餅）を作り、ホトケサマ（仏壇）に上げる。

◇五月五日…五月節供

この日は餅は搗かず、カシワモチも作らない。戸ヶ崎の五月はカブ出し（カブの出荷）で忙しい。

◇五月二〇日過ぎ（田植え終了日）…サナブリ

田植えが終わるとサナブリ（田植え祝い）の餅を搗き、アンコロモチを作る。餅搗き後、一把の苗を四つに分け、カマドの焚き口とカマドのコウジンサマ（荒神様）にそれぞれ二つずつ供えた。サナブリには、田植えをユイ（相互扶助）してくれた人（I家の場合二軒）を招き馳走する。そして、土産にアンコロモチを持たせる。馳走される側のときには土産として貰う。

◇六月三〇日・七月一・二日…富士浅間社のオマツリ（夏祭り）

オマツリ前の六月二五日、餅を搗いてオソナエを作る。大きなオソナエは七月一日に神社へ奉納する。二五日にはオソナエを戸ヶ崎以外に住む親戚に配って歩く。これをマチムカエ（祭迎え）の餅という。貰った家では地元の祭りの時に反対にオソナエを持ってマチムカエにくる。このほか、オマツリには家々でオコワ（赤飯）を作る。

◇七月一五日…天王様

悪病防除のため、新小麦粉でコムギマンジュウを作り、ヨシの頭とともに神棚に上げる。

◇八月一三・一四・一五日…盆

八月一三日、仏様を墓に迎えに行くときに、餅搗きをする。「ひと臼餅はいけない」といい、ふた臼搗く。ふた臼合わせても四升程である。餅はアンコロモチにして盆棚に供える。

◇九月一五日…十五夜

十五夜には餅を搗く。また、ウルチ米の粉でひと口大のダンゴを作る。縁側にススキを飾り、ダンゴとサトイモの煮物をお月さんに供える。

◇九月…彼岸

四月の彼岸同様、ボタモチを作り、ホトケサン（仏壇）に供える。

◇一〇月一三日…十三夜
十五夜をすると十三夜もしなくてはいけないとされる。供え物など行事内容は十五夜と同じ。
◇一〇月一五日…オヒマチ（お日待ち）
収穫したばかりの新モチ米で餅を搗き、オソナエを作る。オソナエは箕（み）の上に載せてオテントウサマ（お天道様）に向けて供える。
◇一〇月下旬（稲刈り終了日）…カマッパレ（鎌払い）
稲刈り終了の祝いをカマッパレという。鎌を洗い、マゼゴハン（混ぜご飯）を作る。
◇一〇月三〇・三一日…オカマサマ（お釜様）
オカマサマは目の神様である。三〇日に餅を搗き、小さな丸餅を作って、オカマサマに上げる。その餅を三〇日のうちに食べる。そして、翌三一日の夕にダンゴをオカマサマに上げる。明くる一一月一日の朝は、そのダンゴをオシルコにして神棚に上げてから家族全員が食べる。
◇一一月一五日…オビトキ（帯解き）
オビトキをする子供がいる家が行う。オコワ（赤飯）を作り、カキやミカンを持って神社に参る。
◇一一月下旬（籾すり終了日）…カラスブキ（唐臼ぶき）
籾すりの終了祝いをカラスブキという。カラスを掃除し、マゼゴハンとボタモチを作る。

4　正月の家風—I家とT家の雑煮の比較—

I家では三が日は毎朝雑煮を食べることになっているが、I家の奥さん（Tさん）の実家であるT家（三郷市彦川戸）では三が日の間は雑煮を食べることができない（詳細は後述）。これはT家に伝わる昔からのカフウ（家風）で、現在（一九九八年）でも守られているという。

T家には三が日に雑煮を食べないいわれが伝わっている。T家の先祖は武田信玄の家臣団にいた武士であったが、武田氏が滅びるとともに、三郷に落ちのびて来て彦川戸に住み着いた。そのときの苦労を偲んで三が日は雑煮を食べないのだという。その証拠に、T家にはかつて武田信玄の系図があったとされる。

Tさんが実の祖母から聞いた話として、家風に背いた場合どうなるかという話がある。昔、T家には奉公人がひとりいたが、その奉公人は他家から来た人間なので、T家の家風に背いても大丈夫だろうと思い、正月に雑煮を食べてみた。すると、たちまち病気になり、実家に戻ったが、まもなく死んでしまったという。

この話を聞かされ、「だから家風に背いてはいけない」と、Tさんは祖母にきつく教えられたという。たとえ奉公人といえども、その家にいる限りは、そこの家風に従わなくてはいけないとされた。

ただ、Tさんは餅が大好物だったので、子供時分は自分も正月に餅を食べたくてならなかったという。

そうしたTさんは、I家に嫁に来てはじめて三が日に雑煮を食べるようになった。しかし、それもI家の家風だと思えば、とくに抵抗はなかったという。ところが、嫁に来た当初、雑煮を食べる日のことよりも、雑煮に入れる具の違いに、Tさんは戸惑ったという。実家（T家）の雑煮は餅のほかにはコマツナしか入れていなかったが、嫁ぎ先（I家）ではコマツナのほかにサトイモとコブ（昆布）を入れたからである。三郷では一月七日の七草までは菜っ葉を食べないと言い伝え、雑煮に菜っ葉を入れない家風を持つ家が多くあるが、イモ（サトイモ）・コブ・コマッツナの三種を入れるというのも、やはりI家の家風だとされる。

I家の雑煮の作り方は以下の通りである。前もってサトイモとコブを煮ておく。そのサトイモとコブの煮たものにコマツナを加えて汁を作り、そこに餅を入れて雑煮にする。細かいことをいえば、サトイモは丸のままではなく、かならず切ってから煮る。また、コブは切り昆布を使う。

そうして、三が日は毎朝雑煮を食べるが、昼食にもまた家風がある。昼食には、三が日とも飯を炊き、ダイコンとニンジンを細く切りゴマであえたナマスを食べることになっている。そうした朝食・昼食の決まりに対して、夕食にはなにを食べてもよいとされる。なお、近所には正月の雑煮は男性が支度するという家があるが、I家では雑煮を作るのはあくまで女性である。

次に、正月三が日の供え物をみてみよう。三が日の朝は三日間とも、まずイモとコブを神様（神棚）

と仏様（仏壇）に上げる。このイモとコブは、雑煮のためにあらかじめ煮ておいたものである。そうして神様・仏様にサトイモとコブをあげてから、コマツナを入れておつゆ（汁）をつくり、そこに餅を入れて雑煮にする。餅の入った雑煮は人が食べるものであり、神様・仏様には上げないという。ただし、仏様には三日間とも毎朝かならず焼いた餅を二つずつ上げる。もちろん、このほかにオソナエが神様・仏様には上げられている。

昼はご飯とナマスを神様・仏様に上げる。このときは、人が食べるものと同じものを上げなくてはならないとされる。三が日の食事は昼だけは人と神様・仏様の食べるものを同じにするという。

そうしたＩ家に対して、Ｔさんの実家（Ｔ家）では、三が日に雑煮を食べないことは前述の通りだが、三が日の朝は雑煮の代わりに飯を炊き、ナマスのゴマアエ（Ｉ家のナマスと同様のもの）を作ることになっていた。そして、昼と夜も飯を食べる。

Ｔ家では正月三が日が明けると雑煮を食べてもよい。ただし、餅搗きは、Ｉ家と同様、年末に行っている。Ｔ家では正月四日になってはじめて雑煮を作り食べるが、その後はいつ食べてもよいとされ、三が日のように食べる期間に決まりはない。

また、Ｔ家の雑煮の具は、前述のように、餅以外はコマツナだけである。まず、おつゆを作り、その中にコマツナを入れてから焼いた餅を入れる。なお、Ｔ家の雑煮のおつゆは、Ｉ家の雑煮と同様、醬油仕立てである。

なお、三郷では通常、年始回りで他家を回ってもその家で雑煮が出されることはない。もてなしの料理として出されるのはニシメなどの煮物が中心である。雑煮は家族のものであるとされる。これはI家もT家もかわらない。

次に、小正月の雑煮についてみていく。I家では、一四日に餅を搗くと、搗きたての餅を雑煮にして食べた。この一四日の雑煮にはコマツナしか入れない。三が日の雑煮に入れたサトイモとコブはこのときには入れないという。その理由としては、一四日の雑煮は神様（神棚）に上げないからだとされる。そうしたI家に対して、T家でも正月一四日に餅搗きを行い、その日に雑煮を食べる。四日の雑煮と同様、具はコマツナだけである。

5　雑煮にみる家風

（1）家風を映し出す雑煮—家と女性の役割—

①雑煮が家風を映し出す理由

正月の雑煮は、家風を表現するには、うってつけの素材である。さらにいえば、I家とT家との雑煮を対照した第4表をみると、家風は小正月に比べ大正月の方により鮮明に表現されることがわかる。

大正月は、I家では雑煮を食べる餅正月であるが、T家の場合は雑煮を食べず飯とナマスを代わりに食べる、いわゆる餅なし正月である。さらに、食する雑煮の具においても、家風が強く示され、I家とT家とではイモやコブを入れるか入れないかにおいて対照的である。こうした大正月に対して、一四日の小正月に食べる雑煮については、餅なし正月の伝承はみられないし、また両家とも雑煮の具はこの地域にごく一般的な菜雑煮（餅と青菜を入れる雑煮）の形態である。こうしたことをみると、大正月は、他のときにもまして他家との違いを意識化し、強く自家を主張するときであるといえる。

第４表　雑煮にみるＩ家とＴ家―大正月と小正月の対照―

	Ｉ家	Ｔ家
＜大正月＞		
○雑煮を食べる日		
１月１日	○	×
２日	○	×
３日	○	×
４日	×	○
○雑煮の具		
餅	○	○
イ　モ	○	×
菜っ葉	○	○
＜小正月＞		
○雑煮を食べる日		
１月14日	○	○
15日	×	×
○雑煮の具		
餅	○	○
イ　モ	×	×
菜っ葉	○	○

正月の雑煮には家風が表現されやすいということは、第一に、正月という時空や雑煮という食物がいわば日本人にとってもっとも広く行き渡った民俗だからだと考えられる。つまり、正月は日本人なら誰もが祝い、雑煮は誰もが食べるものであるということが、他家と対照し我が家の家風を表明するときには重要な背景となるのである。

また、それは年中行事の中における正月の持つ儀礼度の高さとも関わっている。年を区切り、新たな一年の始まりとして意識される正月だからこそ、そこに表現される家風はより大きな効果を期待できるといえよう。

そのほか、食という人間にとってもっとも基本的な生存に関わる要素であるということも、正月の雑煮に家風が表現されやすいことの要因のひとつになっていると考えられる。

②家風が意識化されるとき

IさんＴさん夫妻の聞き取り資料にみたように、雑煮に映し出される家風は、家と家との直接的な接触の場面といってよい婚姻を通して確認される傾向が強い。人の一生において婚姻は家意識のもっとも高揚するときであるといえよう。他家へ嫁ぐ女性の意識としては、「この家に来てはじめて○○した」という感覚を持ちやすく、婚家の家風を意識するとともに、自分の生まれ育った実家の家風を今一度再確認する機会となる。その意味からも、現在Ｉ家の主婦であるＴさんの語るＩ家とＴ家の家風は非常に明快な対照をなすものであった。

よって、こうした婚姻を契機として、二つの家風に接し、自家と他家とを意識化する場面の多い（そうしたことを余儀なくされる）女性の方に、家風への意識が強く働き、その結果として、家風は女性の意志と裁量により伝承されていく傾向があることがわかった[1]。

近年調査をしていて感じるのは、雑煮の味が女性の実家風のものになっている例が多いことである。とくに食にかかわる家風の場面では、女性がその伝承に果たす役割は大きいものがある。事実、昭和五六年（一九八一）に大学生一二六九人に対して行ったアンケート調査の結果、家の雑煮の味付けが母方のものとする回答が一七パーセントにも達し、父方のものとする一九パーセントと、大差ないという結果が出ている[2]（小田ほか、一九八二）。

「嫁にいく」「嫁ぐ」といった結婚観が変わり、当然従来からの家意識も薄れつつあることは、多くの識者の指摘するところではある。が、そうして変化を迫られている家意識とは、つまるところ男性側のものであり、女性側はむしろ男性側の家意識と女性側の家意識とをアレンジしながら新たな家意識を作り出しつつあるのかもしれない。とくに姑や舅と同居することのない家においては、雑煮がその家の主婦である女性の生まれ育った実家風のものになっていることが多いと感じられるのは、そのためではなかろうか。

こうしたことを考えると、核家族化が進むなか、雑煮はますます多様なものとなり、もはや一族の枠や地域差を解体し、今後は一家にひとつの個別化・多様化が進むように感じられる。雑煮をめぐっては、今後、新たな家風が創出される素地をそこに見て取ることができよう。

(2)　家風の表現するもの——雑煮の具に注目して——

①家風表現のあり方

家風は、餅なし正月伝承における餅の扱いのように、なにも特定のものを「用いない」というかたちでのみ表現されるものではなく、青菜のようにとくに「用いる（べき）」というかたちで現れることも多い。つまり、「用いない」だけでなく「用いる」ことで家風は表現されるし、また細かく見ていくと、「用いる」という場合の中でも、その用い方により家風が主張されることも多い。

そう考えると、家風の一表現形態である餅なし正月とは、まさに、餅を「食べない」という見方だけでなく、餅よりも先にソバやイモを「食べる」という見方も可能になるわけである。むしろそれが、餅なし正月伝承の本質に近いのではなかろうか。

また、餅なし正月伝承に限定しても、家風表現にとって、イモは何も特別な存在ではないことがわかる。確かに家風を表現するものの中では、イモは重要な要素ではあるが、ここでみてきたT家の事例では青菜がイモにも劣らぬ重要な役割を果たしているといえる。しかし、従来の坪井洋文らの解釈（坪井、一九七九）では青菜の重要性は十分には理解できない。せいぜい青菜はイモと同様な畑作物であるという説明に逃げるしかあるまい。

一月七日の七草までは青菜を食べないとする家が三郷には多くみられる。そして、それは、三郷の中でも地域によりいくつかのパターンに分けられる（三郷市史編さん委員会、一九九一）。第一の型が、地区の全体にそうした伝承があるもの、第二の型は、特定の家やイットウ（同族）にのみ伝承されるもの、そして第三の型として、とくに食べてはいけないという伝承はないが一般に七草までは食べないというもので、つまり七草まで青菜を食べないのが当たり前とされるものである。第三の型が分布する地域では、特定のイットウは、他の家と違って、七草の前に青菜を食べるが、そのとき青菜を入れた雑煮をとくにナゾウニ（菜雑煮）と呼んでいるという。この場合、青菜を入れた雑煮を七草前に食べることが、そのイットウにとっては家風とされていたのである。

こうした事例は、三郷では青菜が正月の儀礼食として重要視されていることを示している。そして、伝承地によっては、青菜を食べることが家風と表現される地域もあれば、反対に食べないことが家風とされる地域もあることがわかる。

②家風とされる雑煮の具

雑煮の具をみると、この地域では、餅・イモ・青菜の三つが家風表現にとって重要な意味を持っていることがわかる。それら三つの食物の選択・組み合わせにより、さまざまな家風が表現されるといってよい。たとえば、雑煮の家風として、青菜を入れない、イモを入れない、餅を入れない、また、餅と青菜を入れるがイモは入れない、餅とイモは入れるが青菜は入れないなど、さまざまなパターンが実際に存在する。三郷では家風を表現する食材はほぼこの三種に限られるといってよい。

三郷市内における三が日の儀礼食に関する調査報告一一例（飯塚、一九九一）について、雑煮の具に「入れるもの」と「入れてはいけないもの（積極的な忌避の場合のみ）」に分けて、そこに登場する食材をみてみよう。餅は一一例中一一例（入れる一一例、入れない〇例）、イモは一一例中一一例（入れる九例、入れない二例）、コマツナは一一例中七例（入れる四例、入れない三例）、ダイコンは一一例中七例（入れる七例、入れない〇例）がそれぞれ登場する。これらのほかは、わずかにニンジンとナガイモが一例ずつ登場するだけである。ダイコンはコマツナと同様に商品作物として栽培される蔬菜であり、青菜の範疇で捉えることができる。そうなれば、先に示したように、餅・サトイモ・青菜の三種により、それらを入れたり入れなかったりしながら家風が表現されるといってよい。

また、三郷市に隣接する草加市における雑煮の具に関する八一例の調査報告（大友、一九八四）からも、同様な傾向を読みとることができる。[3]草加市は、大河川下流域に低湿な稲作地が広がり、かつ都市近郊という立地をいかして野菜を中心とする商品作物栽培が発達している。三郷市とほぼ同じ自然的・経済的条件にあるわけで、正月の家風表現に餅・イモ・青菜の三種が選択されることも共通する。つまり、こうした餅・イモ・青菜の三種により家風表現が行われる地理的分布は、三郷市や草加市以外にも、同様な自然的・経済的な立地条件にある首都圏の農村部にさらに広がるのではないかという予測が成り立つ。

そうしたとき、餅・イモ・青菜の三種は、たんに食材としてだけでなく、作物としても三郷を代表する重要作物であったことに注目しなくてはならない。

餅は、雑煮に入れる場合、すべてモチ米で搗いたものであり、雑穀のモチではない。つまり、この場合、餅は米を象徴するものであるといえる。米は、水田率七五パーセント近いいわゆる稲作優越地であるこの地域にとっては、換金作物（小作料の納入対象としての意味も含む）であるとともに、毎日食す飯の主穀としてつまりクイリョウ（食い料）としても、もっとも重要な作物であるといえる。

　また、イモ（サトイモ）もやはりこの地域では欠くことのできない作物であった。低湿なこの地域においては水田二毛作はほとんど行うことができず、オオムギ・コムギはクイリョウとしてそれほどの重要性をもっていなかった。それに対して、イモは低湿な耕地でも十分に栽培することができ、クイリョウとして安定した地位を占めていた。とくに水害の多かったこの地においては、冠水して作物がことごとく収穫できないときでもイモだけは実ったといわれ、単なるクイリョウとしての意味にもまして、水害常襲地における救荒作物としての重要性があった。

畑の一角に作られるイモ（埼玉県三郷市寄巻）

　また、青菜の場合、この地域は、東京を近くに控え、そうした大都市への野菜の供給地として明治時代から知られていた。その中でも青菜に代表される蔬菜類は明治以降確実に生産高をのばしてきた作物であった。ときにコマツナが大きな生産を占めることがあったり、また山東菜が隆盛であったりと、そのときどきの消長はあるものの、常に青菜は商品作物として出荷量・出荷額とも最上位の作物であった。中には金町小蕪（かなまちこかぶ）のように特産地形成されたものもある。

以上、みてきたように、餅・イモ・青菜の三種はそれぞれこの地域にとって生活を維持する上で欠くことのできない重要作物であったといえよう。餅（つまり米）は、換金作物とクイリョウの両面においてもっとも重要な作物であり、イモはクイリョウとしてとくに救荒用のもっとも安定した作物であったし、また青菜は三郷の地域性を活かした出荷用の代表的な換金作物であった。

この三種がいわば正月というもっとも儀礼度の高い時空間において家風を具現するものとして用いられていたわけである。作物としての重要性が、家風を表現する素材として選ばれるひとつの大きな要因となっていたと考えられる。

そのとき、自家用作物（イモ）・商品作物（青菜）・その両方を兼ね備えたもの（米）という三つの要素それぞれについて、正月の家風を示す素材として選ばれていることは重要である。とくに近代から現代にかけて、三郷のような東京近郊の農村においては、現金収入源としての商品作物の重要性は際立っている。それは歴史的にかなり早くから生計活動として無視することのできない段階にまで達しており、そのことが青菜が正月の家風を示す素材として選ばれかつ現在も大きな意味を持ちつづける最大の理由であるといえよう。このことは、詳しくは第Ⅱ部で述べることではあるが、餅なし正月伝承が稲作優越地に色濃く分布することと同様の論理で解釈することができる。また、これは民俗伝承における金銭の重要性を示すものでもあり注目される。この問題については、次章において、正月のモノツクリに注目して論じることにしよう。

注

［1］ 従来は男系で継承されると考えられていた食物禁忌の伝承について、女性が嫁に行った先まで実家の食物禁忌を持ち伝える例がある（山田、一九八六）。このことは、作物禁忌や食物禁忌が家風として伝承されることが多いことを考えると、雑煮の家風が女性の裁量により伝承される部分が少なからずあったことを示す傍証となろう。

［2］ アンケート調査の結果としては、雑煮の味付けは「先祖代々伝わっているもの」とする回答が二三パーセントでもっとも多い。また、「不明」が二一パーセントもある。これについて、分析した小田きく子と大島春美は、核家族化や通婚圏の拡大などで、雑煮の味付けがどの地方のものか判別しづらくなっていることとともに、両親双方のものをあわせたものや各家庭独自のものを作りだしていった結果であるとしている。

［3］ 草加市における雑煮に関する八一例の報告（大友、一九八四）をみると、雑煮の具とされるものは、八一例中サトイモが六二例、コマツナが五一例、ダイコンが二五例、肉が九例、ニンジンが七例、ネギが五例、ナルトが三例、ゴボウ・油揚げが一例となっている。これをみると、やはり餅・サトイモ・青菜（コマツナ・ダイコン）の三種が圧倒的に多いことがわかる。

第3章　モノツクリの象徴　米から金へ

1　モノツクリとは

モノツクリは小正月に行われる予祝行事のひとつである。小正月のモノツクリは、作り物の種類によって三つに分類される。ひとつは、米の粉や餅を用いてだんごを作り、それを木の枝につけてあたかも実がたわわに成っているかのような様を表現する餅花の系統である。ふたつ目は、木を鉋くず状に削って作る削り花（削りかけ）の系統である。そして、三つ目が、農工具の模型・粥かきの箸・道祖神の像・縁起物などの工作物を木や紙などを用いて作るものである。ただし、一般にモノツクリといった場合、マユダマやイネノハナなど餅花の系統を指すことが多い。

こうしたモノツクリの儀礼的意味について、従来は作物の豊作を祈願する予祝行事としての面ばかりが注目されてきた。しかし、モノツクリで表現される予祝性については時代背景を強く反映して、たえず変化していたと思われ、必ずしも前記の規定で一括りされるものではない。

ここでは、そうしたモノツクリのうち、とくに餅花に注目して、分布の上でさまざまに重層し、また分布に地域的な偏りのみられる民俗地図を手がかりに、その民俗的意義と歴史的変遷について考察する。また、その上で、モノツクリの正月行事としての特性とその意味するものを明らかにする。

なお、ここで使用する資料は、すべて『長野県史 民俗編 資料編』全一二巻（長野県、一九九〇）に報告されたものであり、図はそれを用いて作成したものである。

2　モノツクリの分布を読む

(1)　モノツクリの分布

第1図は長野県における餅花の呼び名の分布を示したものである。県内の各地で餅花が何と呼ばれているかを見てみると、その地域でモノツクリの行事によりどのようなものが予祝の対象とされてきたかを読み取ることができる。単にモノツクリやモチバナなどと呼ぶ場合には特定の作物との関係は不明であるが、繭・稲・柿・木綿などが餅花の代名詞に使われているときには、それを主たる予祝の対象作物と考えることは可能であろう。

第1図をみると、マユダマ（繭玉）やイネノハナ（稲の花）はほぼ全県的に分布しているのに対して、カキダマ（柿玉）やモメンダマ（木綿玉）はかなりの地域的な偏りが見られる。また、そのほかには、数こそ少ないがアワノホ（粟の穂）・ヒエノホ（稗の穂）・ソバノホ（蕎麦の穂）なども各地に点在して

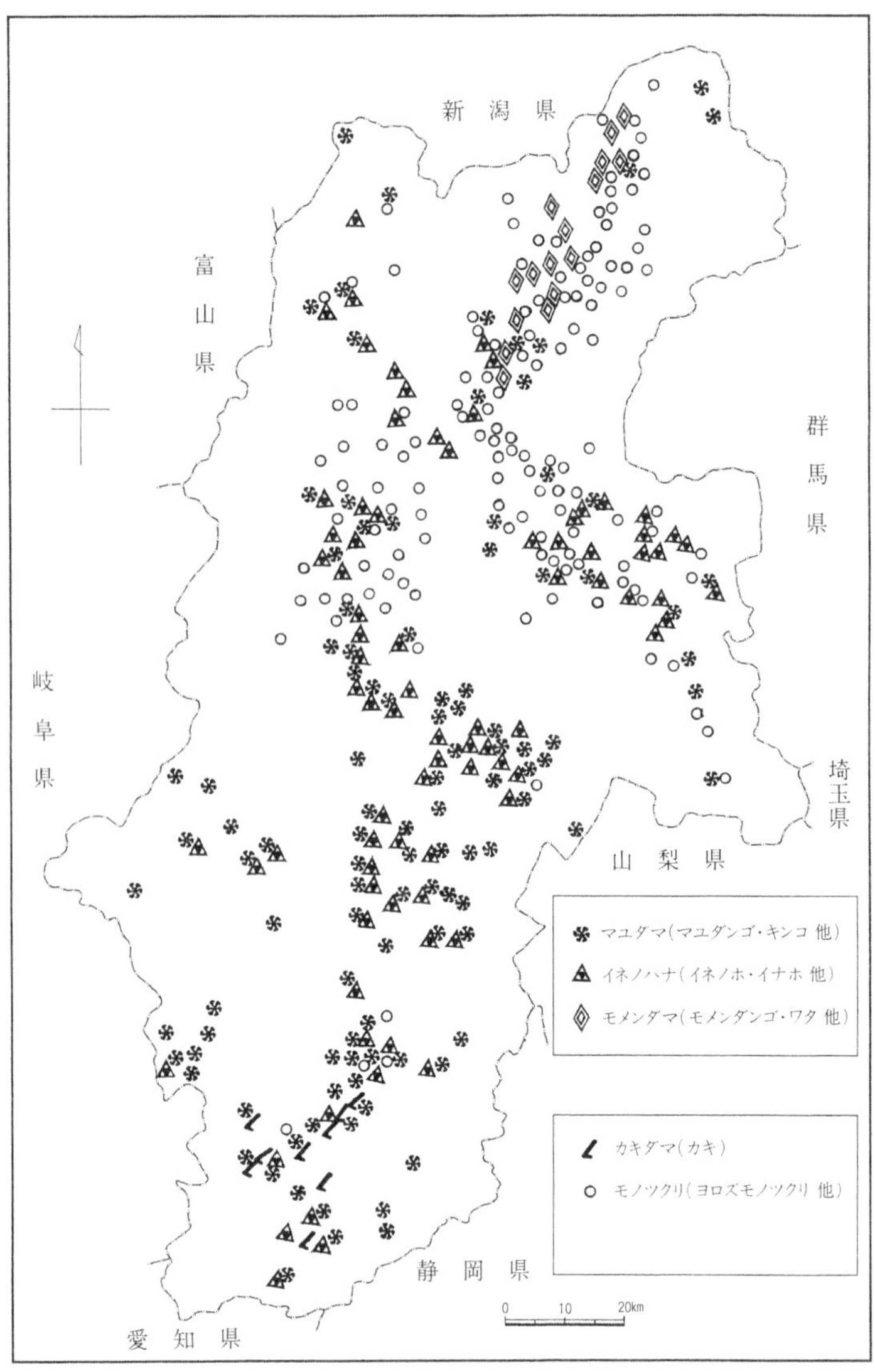

第1図　モノツクリの分布

いる。

（2）柿玉と木綿玉

まず、餅花のうちとくに特徴的な分布を示すカキダマとモメンダマに注目してみよう。カキダマは主として下伊那地方に見られ、モメンダマは善光寺平（長野盆地）を中心とした地域に広がっている。

木綿についていえば、長野県では善光寺平周辺がもっとも早くから栽培が行われた地域である。一八世紀初めに善光寺平で始まった木綿栽培は、一八世紀中期には県内の各地に広がった。その中でもやはり善光寺平を中心とする高井・水内・更級・埴科の各郡はもっとも木綿栽培の盛んな地域となっていたことが、善光寺宿問屋『小野家日記』などの史料により確かめられている（長野県、一九八八・一九八九）。

また、柿についていえば、下伊那地方の柿は「市田柿」という商品名で、東京や名古屋でもその名を知られている。もっとも栽培の盛んな地域は、天竜川の河岸段丘上にある飯田市・豊丘村・高森町・松川町・喬木村などである。こうした商品としての柿は江戸時代にはすでに年貢代わりに貢納されたり、江戸の正月用の串柿として天竜川の通船で出荷されていたことがわかっている。市田柿という商品名が広く知られるようになるのは大正以降のことであるが、下伊那地方で柿が商品化されるのは江戸時代にまで遡る（市川ほか、一九八六）。

こうして考えると、モノツクリの餅花としてモメンダマやカキダマという名称が分布する地域と、

モノツクリ（長野市若穂）

木綿や柿がもっとも古くから栽培されていた地域とが一致していることがわかる。ここで注目すべきは、木綿も柿もそうした地域では自給的作物として以上に、一八世紀以降急激に特産物化された商品作物（換金作物）であったことである。

(3) 繭玉と稲の花

次に、全県的な分布を示すマユダマとイネノハナに注目する必要があろう。

まず、信州における繭の生産について概観してみる。一七世紀前半までの初期的な養蚕は野山に自生する桑を用いてごく小規模に行われたにすぎなかったが、一七世紀後半には田畑の畦や空閑地に桑を植えて栽培するようになり、さらに一八世紀中頃からは小県郡や伊那郡などの先進地では河川敷の砂礫地を利用して桑園が大規模に作られるようになる。そして、それ以降、信州のほぼ全域において、桑園が拡大するとともに養蚕農家も増加し、一九世紀前半には領主による田畑の桑園化に対する禁令が出されるまでになった（古川ほか、一九八八）。

また、稲については、信州では一七世紀後半から一八世紀にかけての時期というのは、米の商品化が大々的に進んだときであるとされる。農具の進歩や肥料の多投下により、農業生産力が目覚ましく向上したため、結果として農民の手もとにはかなりの米が残るようになる。そうした余剰米を農民たちは販売して金銭を得るようになっていったとされる（長野県、一九八九）。

このように、一七世紀後半から一九世紀にかけての時期に、繭は商品作物化が進展し、米は一般農民による換金作物化が進んだ。

つまり、こうしてみてくると、モノツクリの代名詞となる繭・柿・綿花はすべて長野県では商品作物として栽培化されたものであり、その特産地がそれぞれのモノツクリ名称の分布する地域と重なっていることがわかる。また、稲についても柿や木綿・繭といった商品作物が多く栽培化される以前においては、信州において唯一といってよい換金作物であった。

さらに注目すべきは、信州において柿や木綿・繭が商品作物として栽培化され、米の換金が一段と進展したとされる時期が一七世紀後半から一九世紀前半にかけてに集中していることである。小正月の儀礼的意味とその起源を探る上でこの時期は非常におもしろいものになる[1]。また、繭や米は柿や木綿に比べると約半世紀早く商品作物として信州に登場したことになるが、このことは分布の広がりを論じるとき大きな問題を持つことになる。もちろんそれは、繭や米の栽培が全県的なレベルで進んだのに対して、柿や木綿はごく限られた地域においてのみ特産地化されたこととも関連する。

3　モノツクリは時とともに変化する

（1）原初的なモノツクリ

モノツクリの分布からは、モノツクリと商品作物栽培との深いかかわりが見えてきた。こうした点を踏まえ、信州において商品作物栽培の進展した一七世紀後半から一九世紀前半にかけての時期を境として、それ以前とそれ以降というかたちで、モノツクリの歴史的変遷に関するひとつの仮説を立てることができる[2]。

原初的なモノツクリは、ソバ・ヒエ・アワなどの穀物を中心に自給的な作物やトチの実などの自給的採集物の豊穣を祈願するものではなかったかと考える。この点に関しては、早川孝太郎や倉田一郎もすでに指摘している[3]。長野県内の各地に点在して分布するアワノホ（粟の穂）・ヒエノホ（稗の穂）・ソバノホ（蕎麦の穂）・トチダマ（栃玉）などの呼び方はそうしたかつての姿の名残と捉えることができる。

比較的遅くまでそうした自給作物や採集物が生計活動における大きな部

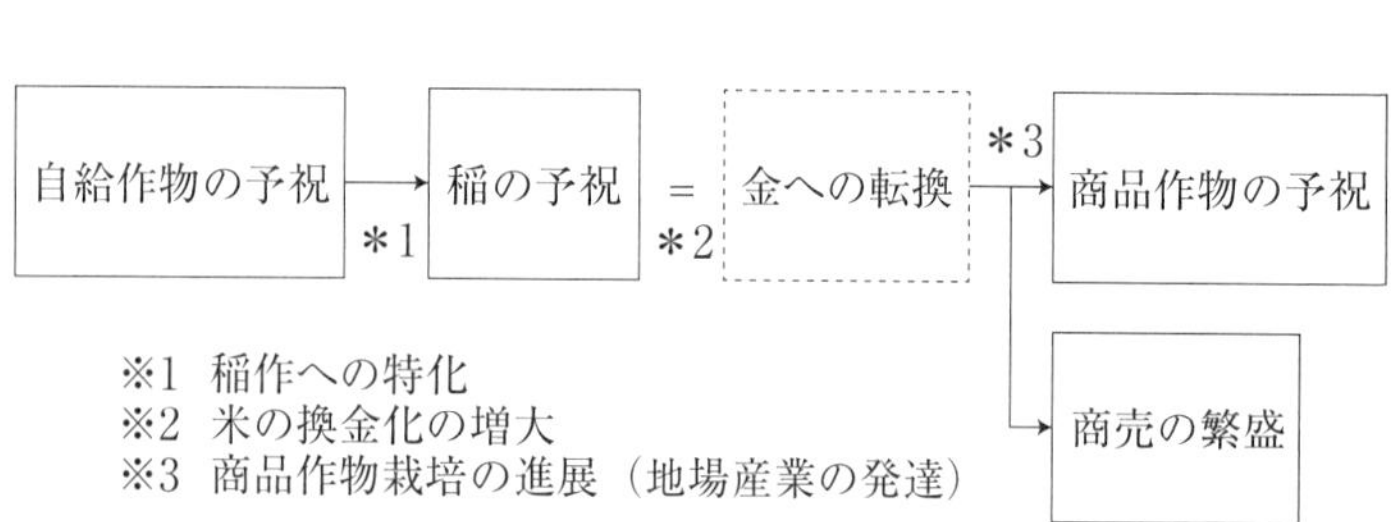

第2図　モノツクリにみる祈願対象の変遷

分を占めていた山間地には、ソバやアワ・ヒエ・トチといった自給作物をモノツクリの作り物にするところが多く分布している。一例を上げると、遠山谷の奥深い山村として知られる南信濃村木沢では、トチダマ（栃玉）という言い方が残っている。木沢ではトチの実は救荒食物となるばかりでなく日常の食料としても重要であり、こうした集落では嫁入りに際しトチの木（トチの実を拾う権利）を婚家に持参する例もみられた。

そうした原初的なモノツクリ行事では、餅花はひとつの作物に特化するのではなく、その地域で用いられる基本的な自給作物をすべて作って飾り、それら農作物や採集物全体の豊穣の祈願をするものであった。そのときの基本は祈願の対象が何かひとつの作物だけに偏ることがないようにすることにある。人々にとってはモノツクリ行事の本来の目的は、素朴な意味での生計維持であり自給的生活の安穏を祈願するものであったと考えられる。

(2) 稲への特化と金への転換

それが、生業における稲作による特化の度合が高まるとともに、複合の中の一要素にすぎなかった稲作が生計活動として大きな意味を持つようになってくる。具体的には、水田があらたに開発されたり畑が水田化されたりして、耕地に占める水田の割合は高くなっていく。当然、稲作活動に割かれる時間や労力といったものも大きくなっていったと考えられる。こうした稲作への特化現象については、複合生業のあり方から論じたことがあるので参照していただきたい（安室、一九九八）。

そうした稲作への特化の結果として、特定作物に偏ることのなかった原初的なモノツクリも、稲の豊作を主眼とするイネノハナに取って代わられていったと考えることができる。稲作への特化は全県的（全日本的）に進んだものであり、第1図にあるように、イネノハナも当然それに対応して全県的に分布している。

稲は農家にとって、自分たちの食料となる自給的作物であるとともに、小作制のもとでは年貢とされるものであり、またさらにいえば金銭に代わりうるものであった。その稲の生産性が上がり、前述のように余剰を換金することが一般の農家でも多くなると、ますます稲は換金作物としての意味合いを強くした。そうして稲と金が同一視されるようになり、意識の上で稲は金に転換されていったと考えられる。

(3)　商品作物の祈願へ

そうして、稲イコール金という観念のもと、繭に代表される商品作物の栽培が全県的に広がるとともに、モノツクリの名称も商品作物の名前を冠するマユダマ・カキダマ・モメンダマのような言い方に変わっていったと考えられる。そのように、稲が金に転換され、その金を媒介にして、自給的作物の豊作祈願から商品作物の豊作祈願へと、モノツクリ行事が変容した時期がちょうど前述の一七世紀後半から一九世紀前半に当たるといえる。

また、商品作物の予祝にも二段階の歴史的展開を考える必要がある。商品作物の中では、まず歴史的にもっとも古く、しかも全県的な規模で営まれた養蚕を背景に、モノツクリを代表する名称としてマユダマという呼び方が全県に広まった。おそらくイネノハナが全県に広がることにそう遅れない時期であると考えられる。それは先に指摘したように、長野県の場合、米の換金作物化の進行と養蚕の発達とがほぼ歴史的に同じ時期に進行しているからである。

そして第二の展開として、マユダマが全県に広がった後、前述したように約半世紀遅れて特産地化が進行した木綿や柿がモノツクリを代表する名称の中に加わる。地域的にはマユダマほどの広がりはみせず、県内でもごく限られた特産地にしかモメンダマやカキダマという言い方はみられない。木綿栽培は善光寺平を中心に後に全県に広まったが、農家にとって繭ほどの重要性（換金性）を持つにいたったのは、モメンダマという言い方の分布する地域にとどまると考えることができる。

また、柿は商品作物化される以前から信州では自給的作物として用いられてきたが、下伊那のように商品作物化された地域以外では、モノツクリを代表するような名称になるほど重要な作物にはなっていない。その場合、モノツクリの複合した要素のひとつとして、柿の形に餅が作られ、他の作り物と一緒に飾られるにすぎない。そうした様子は埴科郡坂城町上平の事例をみればわかる。上平では、モノツクリは特定の作物の名で呼ばれることはなく単にそのままモノツクリと呼ばれるが、そのときの作り物として繭を中心に柿・イモ・カボチャ・ナス・ダイコンなどが作られる。また、木曾郡木曾福島町伊谷では、モノツクリはマユダマと呼ばれるが、そうしたマユダマはオエベス様や蚕神様のと

第3図　江戸の繭玉
(『類聚近世風俗志』より)

ころに刺して飾るとともに、柿がよく実るようにと柿の木の枝にも飾られる。

このほかにも、商品作物がモノツクリの作り物に積極的に取り入れられていく例は多い。たとえば、長野市赤沼ではマユダマに並んでアサノハナ(麻の花)がモノツクリに作られるようになっていったし、やはり赤沼では最近そうした作り物の中にリンゴを加えるようになっている。実際に赤沼のような善光寺平の平坦部でリンゴ栽培が盛んになるのは昭和も第二次大戦後になってからのことである。商品作物として、その地域でどのようなものが発展していったかが、モノツクリの作り物から読み取ることができる。

(4)　商売繁盛の祈願へ

モノツクリは、稲から金へという展開以降、商品作物の予祝という性格を強く帯びることになったのは前述の通りであるが、この商品作物の予祝という性格から、またもうひとつの方向へ展開していった。

商店街のマユダマ飾り（浅草仲見世通り）

もうひとつの方向とは、商売繁盛への希求である。モノツクリは、農村部においては主に商品作物の予祝としての性格を強めていったのに対し、商家の集まる町場や都市においてはモノツクリの性格は商売繁盛を祈願するものへと展開していったと考えられる。

その現れとして、モノツクリの作り物の中に、大判小判や財布・銭升といった直接金銭にかかわる造形物を加えるようになる。そうした大判小判や財布・銭升をかたち作るところは、信州においては歴史的に早くから都市化した松本・長野・松代・上田・飯田といった城下町でかつ主要街道沿いの交通の要衝に多く見られる。たとえば、越後の直江津と内陸の長野を結ぶ主要道である北国街道の宿場町（かつ城下町）である飯山は、かつて「飯山相場」という言葉が残るほど商業地として発達していたところであるが、そこではモノツクリにオーバン・コバンが作られていた。

通常、モノツクリに作ったダンゴは焼いたり煮たりして食べてしまうが、収入金にたとえるオーバン・コバンはなるべく消費しないようにして保管し来年も使用したという。

このほか、現在でも一月一五日前後になると、各地の商店街では餅花をかたどったセルロイド製の飾りものを飾るところは多いが、それはいわば一連のモノツクリの変容の行き着いた先であるといえよう。

4　米の役割も変わる

(1)　全作物を代表する稲

ここであらためて、モノツクリ行事における稲（米）が果たした役割について注目してみたい。前節では、稲作への特化（単一化）とともに米の生産性が向上し、結果的に米の余剰を生み、それによる換金が進んだことが、モノツクリ行事の性格を自給的作物の豊作祈願（予祝）から商品作物の豊作を祈願するものへと変えていった基盤にあることを述べた。

そのとき、稲は農民にとって自給的作物であるとともに、唯一の換金作物でもあるという二面的性格を持っていたことに注目しなくてはならない。一七世紀後半から一九世紀前半にかけての商品作物栽培の発達期に際して、こうした稲の二面性を仲立ちにしてはじめて、モノツクリ行事は自給的作物の予祝から商品作物の予祝へと性格を大きく変えることができたといえる。

稲がまだ信仰の対象として重要性を失っていない時代においては、米を儀礼に用いることで米以外の作物の豊作も祈願することは稀なことではなかった。モノツクリの中にあって、米を作り物にして米の豊作を予祝する儀礼がイネノハナであるといえるが、実際にはそうした米に特化したかたちの作り物により他の作物の豊作も同時に祈願された。また、当然のことではあるが、マユダマ・カキダマ・モメンダマとはいっても、実際はその作り物は米の粉で作っただんごや餅である。

こうした米により他の作物の豊作も祈願されるという民俗的現象のひとつの解釈として、信仰面における米による他の作物の内部化（稲作論理化）を想定することができよう。他の生業にもまして稲作は高度に単一化を志向し、他の生業は稲作の片手間（裏作）仕事としての位置づけしか与えられなくなる。少なくとも意識の上では一年は稲作を中心に生業暦が組み立てられるようになる。

そうしたとき、他の作物の豊作祈願も、稲作への特化が進行するとともに稲作の豊作祈願の中へ取りこまれていったと考えることは、それほど無理な解釈ではなかろう。その時点においては米は他の作物を代表する役割を儀礼的に持つにいたり、稲の豊作祈願イコール全作物の豊作祈願（生計安定の祈願）という観念を生んだ。まさに、儀礼的に稲は全作物を代表する存在となったといえよう。

（2）稲に取って代わる金

しかし、稲が金に転換可能になって以降のモノツクリは、そうした稲の持つ内部化の力を凌駕して、金の力が稲に取って代わる方向性を示した。それは、商品作物へと、モノツクリによる豊作祈願の対象が、急速に転換していったことによくあらわれている。

そして、そのことはやがて現代において、儀礼の上でも米に代わって金がより重要視されていく傾向を他の行事に先駆けて示していくことになる。その時点において、少なくともモノツクリ行事においては米の時代は終わりを告げたということができる。そのとき米は単なるモノツクリの材料にすぎなくなったといえよう。この傾向はその後モノツクリの行事だけにとどまらず、すべての民俗にみられる歴史的展開であったことは、わざわざ事例を上げるまでもない。

金にその地位を奪われた米は、単なる飾り物を作るための素材にすぎなくなってしまったが、そうした米の持つ素材としての特性は、米の儀礼上の意義を考える上で無視することはできない。モノツクリの材料についても、米は他の穀物に比べて圧倒的に多く用いられている。

米を神具などの材料として用いることの利点は、米の物質的な特性にある。第一に、適当な粘性を持ち可塑性に富むこと。モチにしてもウルチにしても、それを搗きつぶしたり粉に碾いてから水で練ることにより、自由な造形が可能となる（柳田、一九三二）。第二に、米の白さがあげられる。その意義として白さゆえの清浄性と非日常性および彩色の自在さがある。モノツクリの餅花をより目立たせるために、赤や黄色に彩色することは各地にみられることである。ただし、白に対して抱く清浄の観念が、米の色に由来するものなのか、または反対に米が非日常の儀礼に用いられたことにより白い色にそうした観念が付加されたのかは、いちがいに判断はつかない。

5　なぜモノツクリは変化しやすいか

今まで検討してきたように、小正月のモノツクリ行事は他の儀礼にもまして、その時代の社会経済状況に敏感に反応し変化してきた。このような変化のしやすさはいったい何に由来するのか。それはおそらくモノツクリを含む小正月全体の性格にかかわることであろう。そうした視点に立ってみると、大正月との関係から、モノツクリに代表される小正月行事の変化のしやすさについて、ひとつの仮説を提出することができる。以下では、とくに生業に関する儀礼に絞ってそうした仮説を展開してみよう。

生業に関連した正月儀礼をみた場合、本来は小正月がその中心であったことは従来の研究成果が示す通りである。暦のうえで大正月に一年の始まりが設定されることにより、もともと生業複合的な性格を持っていた小正月の行事のうち、稲作にかかわる部分の儀礼の多くが大正月へと移行した。そのため大正月はその出発時点から稲作儀礼的性格を強く帯びていたのに対し、小正月はその他の生業の複合的性格をその後も残したと考えられる。

ただし、多くの研究者が考えるように、小正月を畑作文化的と捉えるのではない。儀礼面において稲作に単一化した大正月に対して、小正月はあくまでも生業複合的（稲作や狩猟・漁撈・採集も含む）な性格を強く持つものであると考える。時間的な推移でいうと、大正月の生業儀礼は、稲作への特化が進行して以降の儀礼であるのに対して、小正月のそれは稲作により生業が単一化される以前の生業複合的な儀礼を残すものであるといえる。

そのため大正月における生業の儀礼はある意味で稲作儀礼に最初から固定されていたといってよく、その後も変化する余地はなかった。それに対して、小正月は生業複合的な要素を多分に残していたために、複合のバランスを変えるというかたちで、より容易にかつ迅速に社会経済状況の変化に対応して儀礼内容を変化させることができたと考えられる。それは言い換えれば、大正月に比べると小正月は人々の素朴な願いを反映させやすかったということになる。そのことが、モノツクリの餅花に見られる、自給的作物から稲へ、そして稲から商品作物へという展開を生み、モノツクリの目的を豊作祈願から豊金祈願（商売繁盛も含め）へと展開させた背景にあると考えられる。

6　民俗を生み出す力の変化—米から金へ—

モノツクリを通してみてみると、新たな民俗を生み出す力というものが、米から金へと大きく転換していったことがわかる。

柳田国男は、「（米の生産拡大は）現在は再びこれを制限せられることが苦痛となるまでに、すでにその完全に近い受用が許されているのである。われわれの到達した新文化の、これが一つの特徴であることは否むことが出来ない。米を力の根源とする古い信仰の、どのくらいわれわれを指導していたかを意識するにあらざれば、おそらく平心にこの一つづきの文化を予測し、または計画することが出来ぬであろう」（柳田、一九四〇：括弧内および点線は筆者）といい、米の完全なる受容を果たしたときには日本はかつての「米を力の根源とする」文化段階から「新文化」の段階に入ったことを明確に示している。

それに対して、歴史の積み重ねとしての風土は時とともに変化するものであることを主張する坪井洋文は、歴史的所産としての風土として次のような風土類型を設定している（坪井、一九八五）。

第一期　自然的風土…採取・狩猟・漁撈　〈石器・縄文時代〉
第二期　選択的風土…焼畑・採取・狩猟・漁撈　〈初期農耕段階の縄文時代〉
第三期　管理的風土…水田稲作・定畑・焼畑・採取・狩猟・漁撈・加工・諸職・諸道・交易　〈古墳時代から江戸時代末〉
第四期　造成的風土…工場・市場・商店・水田稲作・定畑・焼畑・採取・狩猟・漁撈〈近代以降〉

このなかで坪井は第三期を、「水田稲作が政治的管理のもとに強制され、国民がそれを受容していく段階」であるとし、前二期との間に大きな風土変化を読みとっている。それに対して、第四期については、「機械化による近代の工場生産とともに、従来の人間が住める環境の対象外にさまざまな土地が造成されたり改造されたりして、新しい風土が作り出される段階」と位置づけた。つまり坪井は第四期において従来の稲作に強く規定された風土段階は終わりを告げたものとし、新たな風土段階を設定している。そして、その時期を具体的には近代以降に想定した。つまりそこで水田稲作は風土を決定づける位置から、その構成要素のひとつにすぎなくなったと考えたわけである。

このように見てくると、柳田にしろ坪井にしろ稲（米）が民俗に与えた影響力の大きさを歴史のなかに相対化しようとしていることがわかる。稲作が民俗文化を生み出す時代の終焉を、柳田は日本人が米を常食するようになったときつまり現代と捉え、坪井は機械化・工業化の台頭する近代に当てはめた。

しかし、これまで検討してきたように、モノツクリに注目してみると、そうした変化は実は二人の考えた時代よりもずっと以前つまり近世期の貨幣経済の進展、具体的には商品作物の栽培の拡大とともに進行していたということができる。

従来、民俗学者は、金銭が民俗に及ぼす影響について無頓着であった。それは柳田も坪井も同じである。民俗学者の多くが民俗学の原点を語るとき、必ずといってよいほどに柳田が自問したとされる疑問「農民なぜに貧なるや」を引き合いに出してくることに象徴されるように、いつも食べるに窮し腹を空かせ、飢饉になると餓死や身売りが横行するといった貧農史観が作り出した近世から近代前期にかけての農村イメージのもと、あたかも米やイモといった食糧生産をめぐって民俗文化の多くが生成されてきたかのように捉えていた。

しかし、実際はそうした段階においても確実に貨幣経済は民俗文化の中に浸透し、それは従来の民俗文化を変質させ、また新たな民俗文化を生み出していったということができる。そうした変遷の一端を正月のモノツクリ行事の中にみて取ることができるのである。筆者が考えるに、柳田が想定した「新文化」とは、おそらく金と無縁ではなかろう。

注

［1］葬式の贈答品を分析した板橋春夫は、近世後期にコメの割合が急減し、代わって貨幣が増加したことを不祝儀帳の分析から示した（板橋、一九九五）。これはモノツクリの習俗にみる「米→（商品作物）→金」という変遷に合致する。商品作物栽培および貨幣経済が、近世後期に日本各地の農村部で進行していたことがわかる。

［2］筆者の仮説に関連して、倉田一郎によるモノツクリの変遷に関する仮説（倉田、一九六九）は興味深い。倉田はモノツクリの変遷過程に、「複雑化」と「退化」という現象が見られることを示している。「複雑化」とは、稲やアワといった穀物以外にもさまざまな作物の予祝が行われるようになったことと、「作物を複合的に予祝する傾向が強まって、（中略）あらゆる作物の飾りを、とくに一本の木に集中してゆく傾向を生じたこと」であるとする。また、「退化」とは、信仰心の薄れとともにモノ

ツクリが正月の楽しみや子供の慰め事のようになってきて、その結果モノツクリが省略の傾向にあることをいう。筆者は「複雑化」のプロセスには異論はあるものの、「退化」との相互作用によりモノツクリが変化していったとする考えは妥当性があると考える。

［3］早川孝太郎も、餅花の習俗においてアワやヒエといった雑穀が綿や米に先行するものであることを指摘している（早川、一九四一）。また、倉田一郎も、削掛の習俗が餅花や繭玉に先行してあり、それは必ずしも稲だけでなく他の作物の予祝に通ずるものであったことを示している（倉田、一九六九）。

Ⅱ　餅なし正月をめぐって

第1章　餅なし正月の解明　複合と単一の視点から

1　餅なし正月にみる民俗学の現状

民俗学内部において稲作単一文化論から複数文化論への脱却がはかられて久しい。それをもっとも明確な形で示したのが坪井洋文であろう。坪井は、柳田国男の民俗学が稲作文化を主軸にして作り上げられていたことを批判し、稲作とは違った生産基盤にたった文化を理解するための研究方法を確立しようと奮闘した。具体的には、餅なし正月の分析から、稲作文化に対して畑作文化を定立し、対立図式のもとで日本の民俗文化を理解しようとした。それは、後に、漁撈（民）文化や都市（民）文化も加えて、日本の民俗文化全体を構造的に明らかにしようとする方向性を持っていた。

しかし、こうした民俗学内部における単一文化論から複数文化論への脱却は、隣接する文化人類学や文化生態学における気運[1]に乗るものであったことは認めなくてはならない。そう考えるとき、民俗学は独自の問題意識として方法論的に単一文化論から複数文化論への脱却をなし遂げることができたかどうかは疑問である。なぜなら、民俗学における複数文化論への方法論的展開は、生産基盤を指標にしてなされてきたものだからである。生産基盤についての研究は、民俗学においては従来その生業技術にのみ注目して進められてきたものであり、実際の生計活動を明らかにする方向とはほど遠いものであった。つまり、生産基盤の理解は民俗学においてもっとも遅れた部分であり、それを基に文化類型を論じることは大きな危険を伴う。民俗文化を類型化することにより民俗文化全体を理解する方法はまだ確立しているわけではなく、いまだこうした民俗文化類型論自体が民俗資料操作上の作業仮説にすぎない（安室、一九八八）。

生業技術としての畑作は稲作に対比することはできても、文化類型としての畑作文化は果たして稲作文化に対比できるほどのものなのであろうか。その解答は民俗学においてはまだ出ていない。同様に、漁撈（民）文化や狩猟（民）文化といった言い方についても同じことがいえる。しかし、こうした方法論上の仮説を所与のものとして定説化し、そうした図式に当てはめることを目的とする論考が目立つようになってきた。こうした研究態度は、民俗事象に「畑作（文化）的」だとか「稲作（文化）的」といったレッテルを張りつけることになる。そして結局は、民俗学において稲作文化単一論が陥ったように方法論的形骸化を生じているのである。

ここでは、こうした稲作と畑作を対立図式で捉える民俗文化類型論を民俗資料操作上の作業仮説とするにとどめる。そして、もう一度、生産基盤を指標とした民俗文化類型論の出発点のひとつとなった餅なし正月伝承に立ち返り、いかなる論理をそこから引き出すことができるか試みることにする。

また、筆者の進める複合生業論から見た民俗文化とくにより精神性の高い儀礼・信仰といった部分への応用においては、この餅なし正月は非常に興味深い格好のテーマとなる。

なお、ここで用いる資料のほとんどは『長野県史　民俗編　資料編』全一二巻に報告されたものである。『長野県史』においては同一の質問項目のもと県内四二六か所にも及ぶ事例報告がなされている。それを用いることにより、長野県という限られた地域ではあるが、今までにない密度の濃い立論が可能になる。とくに民俗事象の分布論的検討においては大きな威力を発揮すると考える（長野県、一九九一b）。

また、餅なし正月の分析に当たっては、正月におけるもっとも典型的な餅の食形態である雑煮に注目する。今まで餅なし正月を論じるとき、その論の明快さを欠くひとつの原因となっていたのが餅の食形態の不明確さにあったといえる。雑煮イコール餅とは必ずしもいえない（都丸、一九八八）が、調査地点四二六か所の事例では餅を入れない雑煮の伝承はない。また、雑煮と同じように作るものはあっても餅を入れなければそれを雑煮とは呼んでいない。そうしたことから本稿では雑煮に注目して正月の儀礼食のあり方から餅なし正月を分析することにする。

2　餅なし正月とは―その定義と問題点の整理―

餅なし正月とはいったいどのような習俗なのであろうか。その定義は後に述べるとして、話のはじめに長野県における典型例をひとつ上げてみよう。

「このあたりでは、正月元日に餅を食べると四阿屋（あずまや）権現の祭に腹を病むと言い伝えられている。そのため、元日には、雑煮の代わりにうどんやそばを食べて過ごし、雑煮は二日になってはじめて食べる。」

これは長野県本城村八木の事例であるが、このほかにも、餅を正月に禁忌する理由としては、餅を搗いたり食べたりすると、火事になる・人が死ぬ・先祖が苦労した・餅が赤く（血に）染まるなどという伝説的説明がつけられる。こうした事例が、これまで研究者により、いわゆる餅なし正月とされてきた伝承である。

こうした餅なし正月伝承は古くから多くの研究者により興味ある民俗事象として注目されてきた。まずは、その研究史をたどってみることにしよう。

当初、柳田国男は、餅なし正月については興味はあるが真の理由はわからないと留保しつつ、餅射の伝説を根拠にして「餅は神聖の物なる故に最初から忌んでいた」というようなあまり論理的とはいえない見解を示していた（柳田、一九二六）。しかし、晩年、柳田は、餅なし正月について、もともと元旦（三が日）は餅が神に供えられているべき期間であったことを示し、そうした期間は人が食べることを控え、それがすんで後に神に供えたさまざまなものを下ろしてきて文字通り「雑煮」にして食べたことの名残であると解釈した（民俗学研究所、一九五三）。これは、本章の結論で詳しく述べるが、大正月・小正月の分離の問題と餅なし正月とを関連させて考察するもので、現在でも十分に傾聴に値する説であるといえよう。

また、柳田とほぼ同時代に生きた民俗学者の折口信夫は、「祭りの忌みが厳しかった土地で、臼杵を用いず、年越しの夜を起き明かす習いであったため、食物の調整すらはばかられて餅を用いなかったのがもとのおこりではないか」（折口、一九二九）と、十分な論証を経ぬまま、年神を迎えるに当たっての物忌みに、その起源を求めている。

それに対して、千葉徳爾は雑煮や門松が中世以降の流行であるとした上で、餅なし正月が同族団の分解による、いわゆる旧家と新参者とを区別する役割を持つこと、つまり旧家側の伝統保持の意識により生み出されたとする見解を、いくつかの事例に依拠しつつ論理立てて示した（千葉、一九七六）。こうした指摘はかなりの部分で妥当性のある説だと考えるが、新参者との差異化をはかろうとするときに旧家側か古くから伝える旧習に固執したがため餅なし正月伝承が発生したと考えることには無理がある。

同様に、雑煮の変遷として、イモ羹から芋雑煮へ、そしてそれが現在の餅雑煮へと転換していくなか、旧習を守って餅雑煮を拒否したものが餅なし正月であるという都丸十九一の説（都丸、一九八六）にも、そうした批判が当てはまろう。

餅を禁忌することは、いちがいに旧習であるとはいえまい。餅を食べることを新しい習慣として、その先行形態にイモや雑穀を位置づけるのでは、坪井説の陥ったドグマと共通するものがある。なお、伝統保持の意識と餅なし正月伝承の関わりについては、家例の視点から、あらためて第3章で取り上げることにする。

また、このほか、田沢直人と田中磐は、長野県という限られた範囲での論ではあるが、四阿屋山信仰という一種の流行神(はやりがみ)との関係から餅なし正月を説明している（田中、一九五六・田沢、一九八〇）。なお、この問題についても、餅なし正月伝承の持つ多面性を理解する上で興味深いため、あらためて次の第2章で取り上げることにする。

そして、本論でもっとも注目するところの坪井洋文は、詳しくは後に検討していくが、稲作文化と畑作（焼畑）文化との接触とその葛藤に、こうした餅なし正月の起源を求めている（坪井、一九六七・一九七九・一九八二b）。また、こうした論に相前後して、直江広治は餅なし正月を稲作に先立つ畑作文化（栽培文化複合）の残存と捉え（直江、一九七二）、桜田勝徳は南洋からのタロイモ文化（根栽農耕文化）の伝播にその起源を求めようとした（桜田、一九五九）。

こうして研究史をたどっていくと、研究者の関心の多くは、餅なし正月の起源に向けられていたといってよい。しかし、こうした起源論的な餅なし正月の理解とは別に、正月における「餅なし」の意味、つまり餅なし正月の機能についてそれを十分に解き明かした論考は少ない。正月儀礼に際して、餅がないという状態は、儀礼の一環として演出されるものなのか、それとも正月というハレの時空を一時的にケに戻すための存在なのか。言い換えれば、餅がないという状態はハレなのかケなのか、それとも、そうした民俗概念の範疇から逸脱するもの、つまりハレやケとは別の論理のもとにあるものなのか。こうした問題はまだ十分に論議が尽くされているとはいえない。

次に、細かな検討に先立って、餅なし正月とはどのような民俗事象なのかということについて一応の定義をしておく。坪井洋文は餅なし正月を「正月元日を起点としたある期間に、餅を搗かず食べず供えずという禁忌を継承している家、一族、地域のあること」（坪井、一九八九）と定義している。この坪井の定義はもっとも的確に餅なし正月を言い当てている。

これはいくつかの要素に分解することができる。ひとつは餅なしの期間について、二点目は餅に対して働く規制の内容について、そして三点目は餅なしの規制が及ぶ範囲についてである。しかし、こうして分解してみると、今までの研究は、餅なし正月という民俗事象について必ずしも明確な資料提示のもとになされてきたとはいえない。餅がないとは、どのような状態なのか、またそうした餅への規制はどのくらい継続し、どの範囲まで及ぶのかなど、そうしたことが明示された事例報告は少ない。そのため、そうした曖昧な事例を並べては恣意的に論が展開されてきたといわざるをえない。

それは、餅なし正月に対する研究者の関心のほとんどが、従来、それに付随する伝説にのみ向けられていたためであるといってよい。つまり、従来は伝説の付随するもののみが餅なし正月の事例として扱われ、伝説は伴わないけれども現象として餅なし正月の要素を満たす事例というものにはほとんど関心が払われてこなかった。

そこで、ここではまず、餅なし正月伝承を伝説の有無に関わらず、現象としてもう一度捉え直してみることから始めなくてはならない。現象として餅なし正月伝承を眺めると、その伝承内容の実体には大きな振幅があることが理解されるであろう。

餅なしの期間については、正月の間中継続するものと、ある一時期に限られるもの（餅の解禁日が設定されるもの）という区別ができる。伝説については、それを伴うものと伴わないものとに区別される。また、規制の内容については餅を搗かない・食べない・供えないという三つの規制要素のそれぞれの選択または組み合わせとなる。

このように考えてくると、餅なし正月にはもっとも厳格な規定として、正月期間を通して、餅を搗かず食べず供えずという三重の規制を受け、かつそれに対する伝説的説明のあるものという制限がかけられる。それに対し、もっとも緩やかな解釈としては、正月期間の中のある一時期（一日単位にこだわらず、一日のうちで一食でも可）に、何らかの餅に対する規制（三つの規制のうちのひとつ）があるものということになる。このように同じ餅なし正月と呼びうるものでも、その内容には広い幅があり、そのうち伝説は餅なし正月を規定する上でのあくまで一要素にすぎない。

そこで以下では、餅なし正月の機能と起源を理解するために、先に上げた各要素についてもう少し細かく検討してゆくことにする。ただし、先に述べたように、本章では正月の餅の主な食形態である雑煮に注目するため、餅に対する規制内容については、おのずから「食べない」というものに限定されてしまう。また、餅なし正月の伝承母体については、家・一族・集落単位という違いがあるが、『長野県史 民俗編 資料編』の報告の中では明確にはそうした区別はしていない。そのため、ここで用いる資料も、当該集落に伝承が存在するか否かという二分法をとらざるをえない。後に掲げる分布図も基本的にそうした二分法により作製したものである。

3　餅なし正月伝承の検討

(1)　餅なし正月の伝承地

第5表は、長野県における正月三が日の儀礼食について、餅のほかに用いるものがある場合に、それを集落を単位にしてすべて書き出したものである。なお、第5表に上げた地点の集落名とその所在地は、第4図に示している。そのうち、先ほどの定義にしたがって、現象として餅なし正月となる地点（第5表中の★印の地点）の分布を示したものが第5図である。

この第5図を見ると、まず第一に、餅なし正月の伝承地は長野盆地（川中島平を含む善光寺平）や松本盆地（安曇平を含む松本平）という標高三〇〇から五〇〇メートルの平坦な盆地部（長野県では「平（たいら）」

第５表　正月三が日の儀礼食

	地名	元旦	二日	三日	伝　説
★1	吉	うどん	◎	◎	
★2	桐原	Bうどん	◎	◎	
★3	日方	うどん	◎	—	
★4	五十平	うどん	◎	—	
★5	上条	Bめん類	B◎	飯	
★6	中村	◎	とろろ汁	◎	
★7	草間	Bうどん	B◎	B◎	
		L◎	—	—	
		Dそば	—	—	
8	間山	B◎	B◎	B◎	
		Dそば	Dうどん	D飯	
9	八重森	B◎	B◎	B◎	
		Dうどん	—	—	
★10	境	Bめん類	B◎	B◎	
		D—	Dヤキモチ	D—	
★11	岡	Bうどん	—	—	
★12	岡田	Bうどん	—	—	
★13	十二	うどん・そば	◎	飯	
★14	上石川	うどん	—	—	
★15	三水	＊三が日餅を食べないマキがある。			☆Ⅱ
★16	若宮	B◎	B◎	B◎	
		D—	Dうどん	Dとろろ汁	
		＊元日はうどんの家もある。			
		＊二日はウタイハジメで、うどんを食べる。			
★17	力石	Bうどん	—	—	
18	中川	B◎	B◎	B◎	
		D—	Dそば・うどん	D—	
		＊二日はウタエハジメで、めん類を食べる。			
★19	中町	Bめん類	◎	—	
★20	土口	Bめん類	B◎	Bめん類	
		L◎	L—	L◎	
		D31日と同じもの	Dめん類	D31日と同じもの	
★21	杭瀬下	うどん	—	—	
★22	下戸倉	◎	◎	◎	
		＊元日はうどんの家もある。			
★23	中之条	Bうどん	◎	飯・餅	
		Lうどん・餅	—	—	
		D飯	—	—	
24	横道	◎	そば	汁粉	
25	矢沢	◎	飯	芋汁	
26	小井田	B◎	—	—	
		＊三が日のうち一食は夕食にめん類を食べる。			
27	西脇	B◎	B—	B—	
		D汁粉	D—	D芋汁	

凡　例

★：餅なし正月
◎：雑煮(餅)
B：朝食
L：昼食
D：夕食
☆：伝説の伝承地
　(伝説の型)
　(第６表参照)

	地名	元旦	二日	三日	伝　説
★28	馬場	うどん	—	—	
		＊元日は供えるだけで餅は一切口にせず、うどんを食べる。			
★29	練合	L◎	—	—	
		＊元日の朝は雑煮はたべず、昼に食べるという家がある。			
30	和子	B◎	芋汁	うどん	
31	久保	B◎	Bとろろ芋	—	
		Dそば	Dそば	—	
★32	赤岩	Bうどん（オニカケ）	Bうどん（オニカケ）	Bうどん（オニカケ）	
★33	豊昇	B◎	Bそば	Bうどん（オニカケ）	
	同	Bそば	Bうどん（オニカケ）	Bうどん（オニカケ）	
★34	与良	＊（代用食物不明、伝説のみ）			☆Ⅲ
★35	耳取	B◎	Bうどん	Bうどん	
		L飯	L飯	L飯	
		D飯	D飯	D飯	
		＊三が日は雑煮を食べない家がある。			
★36	長土呂	うどん（オニカケ）	◎	とろろ芋（スリイモ）	☆Ⅲ
★37	北岩尾	そば	うどん（オニカケ）	D◎	
★38	春日本郷	Bそば	B長芋汁	B◎	
		L焼いた餅	L焼いた餅	L焼いた餅	
		D白米の飯	D白米の飯	D白米の飯	
39	茂田井	＊三が日のうち一度はとろろを食べる。			
40	山部	◎	とろろ飯	そば	
41	塩沢	B◎	いも汁	そば	
★42	清川	うどん	うどん	◎	
43	十二新田	＊アサイワイといってうどんを食べる。そのとき人参を必ず入れる。			
★44	高野町	＊雑煮の代わりにうどんかそばを食べる家もある。			☆Ⅴ
★45	上本郷	B◎	B◎	B◎	
		＊三が日の朝はうどんを食べる家もある。うどんの具は雑煮と同じ。			
★46	佐口	Bオトロそば	飯	うどん	
		＊三が日は毎朝オザラ（うどん）を食べる家がある。			
		＊オトロ（長芋汁）で飯・そばを食べるマキがある。			
		＊三が日は雑煮を食べず、年取りに炊いた飯とうどんを食べる。			
★47	下川原	＊雑煮の代わりにうどんを食べる家が半数ある。			
★48	崎田	＊雑煮の代わりにうどん・そばを食べる。			☆Ⅳ
★49	京の岩	＊雑煮の代わりにおかゆを食べる。			
★50	宮下	＊雑煮の代わりにめん類を食べる。			☆Ⅰ
★51	御所平	＊（代用食物不明）			☆Ⅰ、Ⅲ
52	千沢	B◎	B◎	B◎	
		＊ただし雑煮をしないときはそば。			
★53	沢渡	芋汁	◎	小豆飯	
		＊三日はミッカドシで、小豆飯を食べる。			
★54	大平	＊三が日までは飯を食べ、餅を食べない。			
55	十日市場	◎	◎	芋汁	
★56	新屋	—	◎	—	
		＊二日はシゴトハジメを祝って、雑煮を食べる。			
★57	穂高	—	B◎	—	☆Ⅴ

	地名	元旦	二日	三日	伝　説
★58	中萱	とろろ	◎	ぶり	
		＊三日は年取り魚のぶりで飯を食べる。			
★59	下角形	Bとろろ・そば	◎	ぶり・ニコロ	
		＊元旦から雑煮を食べる家もある。			
		＊三日はミッカトシトリで、年取り魚のぶりを食べる。			
★60	山崎	Bめん類	B◎	B◎	
★61	麻績本町	そば	◎	◎	☆V
★62	西ノ久保	Bムスビ	◎	—	☆V
		＊元日は前日の飯でムスビをこしらえておき朝食べる。			
★63	八木	うどん・そば	◎	—	☆Ⅱ
		＊二日をゾウニハジメという。			
★64	金井	マンジュウ	B◎	—	
★65	取出	B芋汁	◎	◎	☆V
★66	浅間	B芋汁	B◎	—	
		Dうどん	D—	—	
★67	南方	Bとろろ汁	B◎	—	
★68	埴原	とろろ汁	◎	飯	
	同	◎	小豆飯・キリソバ	とろろ汁	
★69	博労町	B芋汁	B◎	B◎	
		＊元旦に雑煮を食べる家もある。			
★70	新橋	とろろ汁	◎	◎	
71	下新	＊三が日のうちに芋汁を一度食べる。			
72	赤木	◎	—	—	
		＊三が日のうちにとろろ汁を一度食べる。			
★73	平田	—	B◎	—	
★74	今村	芋汁	—	◎	
★75	川西	とろろ汁	◎	◎	
★76	殿	＊雑煮を食べる家と芋汁を食べる家が7：3の割合。			
77	小坂南部	◎	とろろ飯	—	
★78	下波田	＊三が日餅を食べず、芋汁を食べる一族がある。			☆Ⅱ
★79	内田	B芋汁	◎	—	
		Dそば	—	—	
80	伊谷	B◎	D芋汁	Bさんま	
		＊三日はミッカドシで、魚を食べる。			
81	藤沢	◎	そば	飯	
82	中屋	◎	—	芋汁	
		＊二日にソーメンを食べる家もある。			
83	駒沢	B◎	B芋汁(長芋)	—	
		Dそば	D飯	—	
		＊元日はキリゾメで、そばを食べる。			
84	神宮寺	B◎	B◎	—	
		L◎	L◎	—	
		D◎	Dとろろ汁	—	
		＊二日はスリゾメで、とろろ汁を食べる。			
85	大池	B◎	Bとろろ汁	—	
86	長岡	◎	芋汁	飯	
		＊三日の米飯は年末に炊いたものを暖めて食べる。			

	地名	元旦	二日	三日	伝説
87	羽広	B◎	芋汁	Dそば	
88	ばら口	◎	—	小豆飯	
		＊三日はエビスサンで、小豆飯を食べる。			
89	市野瀬	◎	飯	芋汁	
90	大草	◎	芋汁	小豆飯	
		＊二日はタキゾメで飯を炊き、芋汁をかけて食べる。スリゾメという。			
		＊三日はエビスビラキで、小豆飯を食べる。			
★91	伊豆木	＊(代用食物不明、伝説のみ)			☆Ⅲ
92	長峰	B◎	長芋汁	小豆飯	
93	名古熊	B◎	とろろ芋	小豆飯	
		＊元旦の雑煮は大晦日の残りを用いて作る。			
		＊二日はスリゾメで、とろろ汁を食べる。元日の晩にする家もある。			
		＊三日はエビスビラキで、小豆飯を食べる。			
★94	箕瀬	◎	芋汁	◎	
		＊二日はスリゾメで、芋汁を食べる。			
		＊三日はエビスビラキ。			
95	下清内路	◎	とろろ汁		
96	大野	◎	とろろ汁	小豆飯	
		＊元旦の雑煮は大晦日の煮つけで食べる。			
97	新野	◎	スリイモ(とろろ)	うどん・そば	
		＊三日はキリゾメで、めん類を食べる。			
98	坂部	B◎	B飯	B飯	
		—	Dめん類	—	
		＊二日はタキゾメとキリゾメで、飯とめん類を食べる。			
		＊三日はエベスノトシで、魚を食べる。			
99	金野	◎	長芋	小豆飯	
		＊二日はスリゾメで、長芋を食べる。			
100	仲平	B◎	B山芋	小豆飯	
		—	Dそば・うどん	—	
		＊二日の朝食は飯のタキゾメと山芋のスリゾメである。			
		＊二日の夕食はキリゾメで、めん類を食べる。			
		＊三日はエビスビラキで、小豆飯を食べる。			

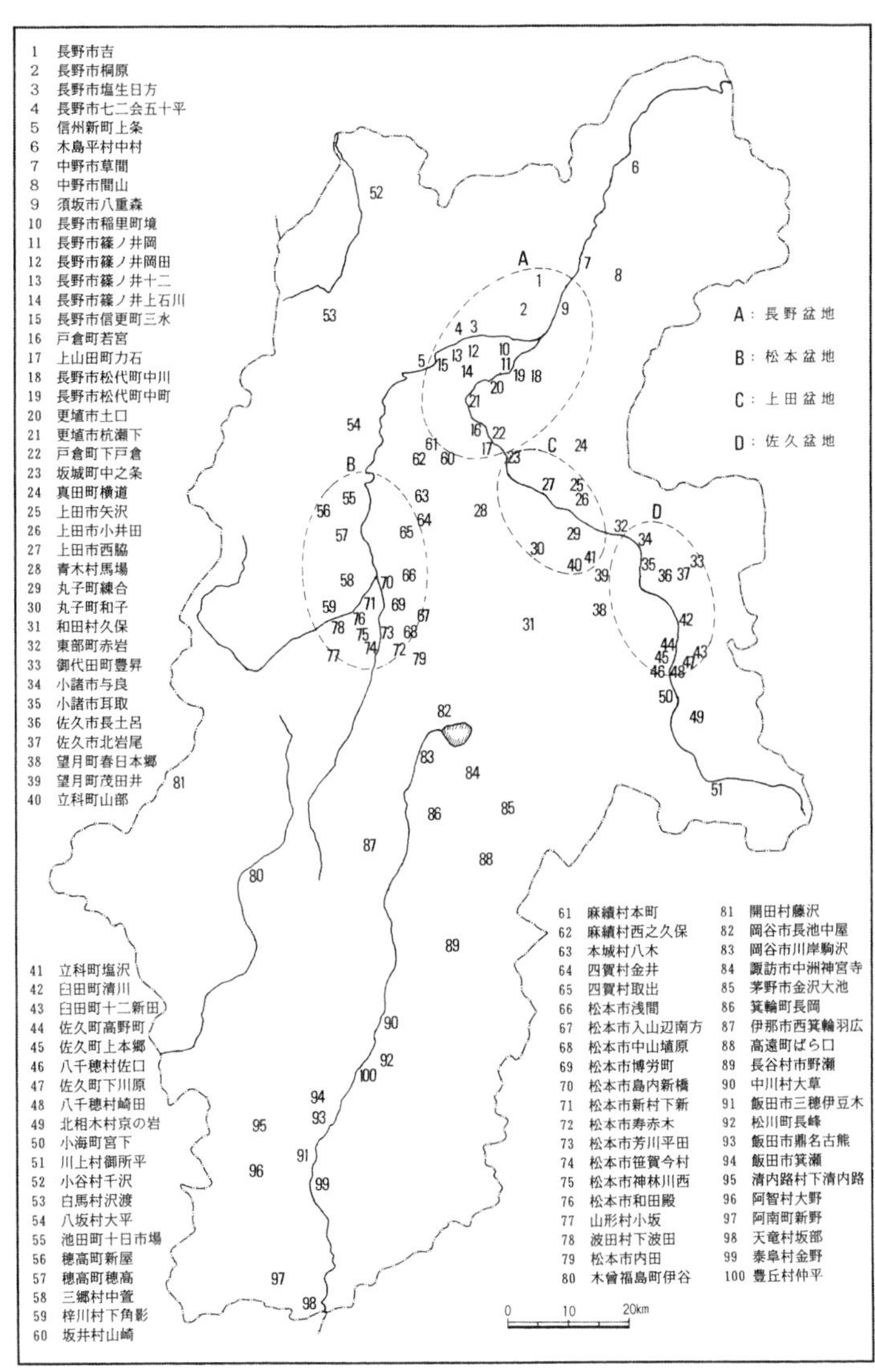

第4図　調査地点一覧（番号は第5表に対応）

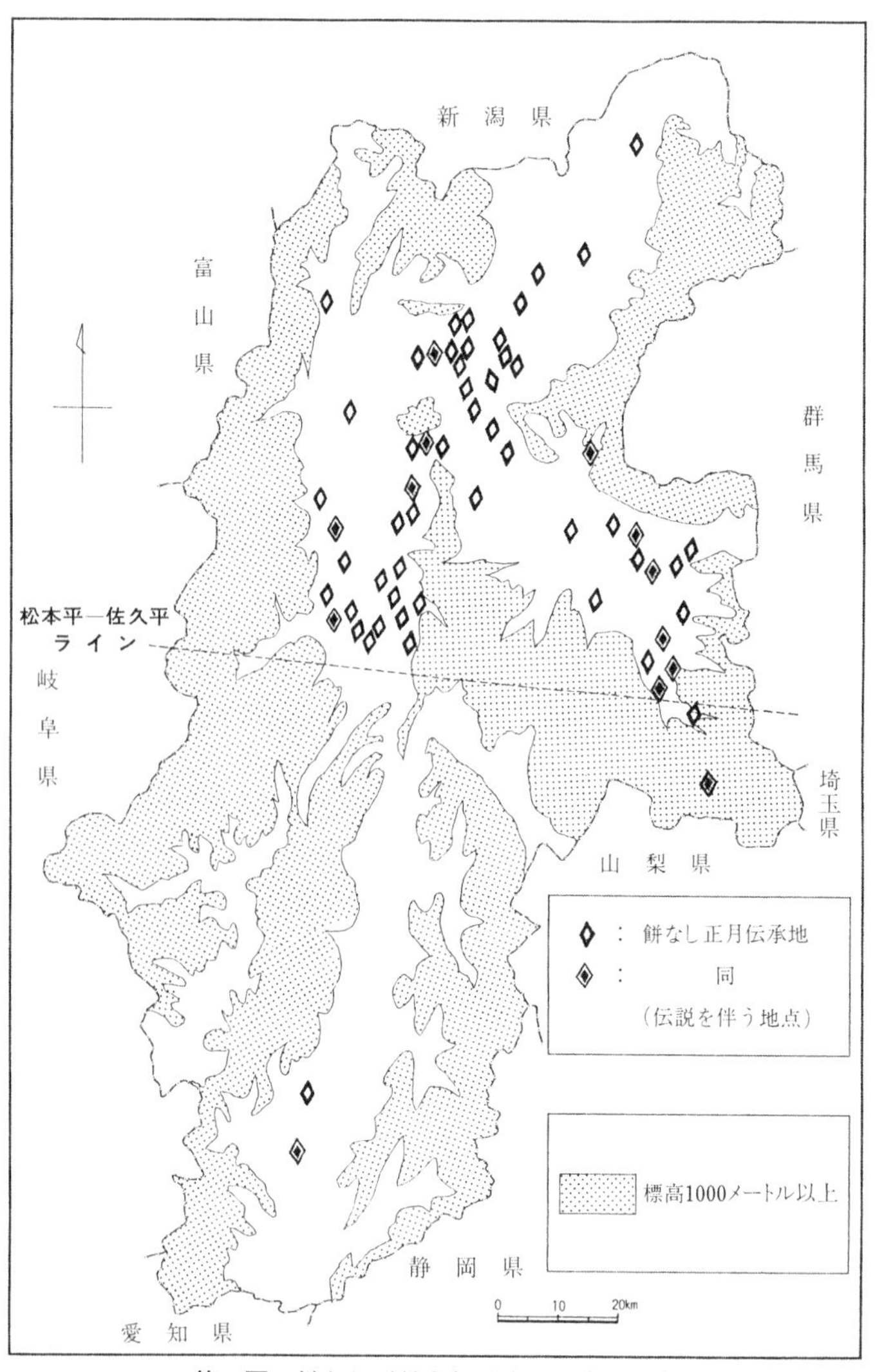

第5図 餅なし正月を伝承する地点の分布

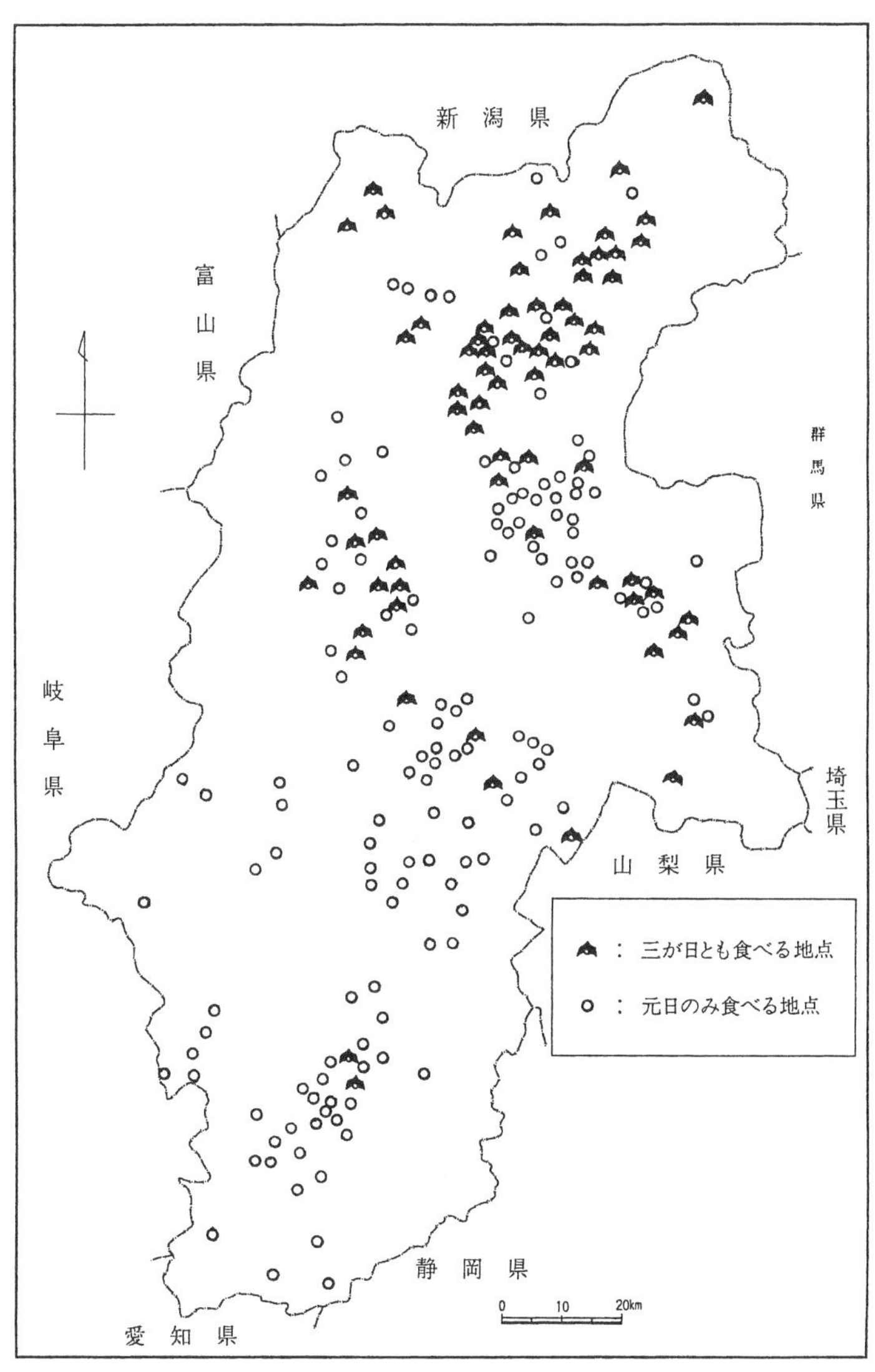

第6図　正月に雑煮を食べる日

と呼ばれる）を中心に分布していることがわかる。長野盆地や松本盆地は長野県では有数の稲作地帯である。長野県は農作物の栽培の限界が標高一五〇〇メートルといわれるが、そのうち稲作が行われるのは標高一〇〇〇メートルまでである。つまり、標高一〇〇〇メートルを境にして稲作地と非稲作地に分かれることになる。もちろん標高一〇〇〇メートル以下でも、水田はわずかにすぎず、ほとんどが畑地であるとするところも多く、安定した稲作が行われるのは、せいぜい標高八〇〇メートル以下の土地である。

そうした広い幅を持つ稲作地のうちからすれば、第5図に示した餅なし正月の伝承地が多く分布する地域は、稲作地の中でもごく中心となるいわば稲作優越地にあることがわかる。従来、餅なし正月は山間地の非稲作地や稲作地でもその周縁部つまり畑作地との接点に近いところに多くあるとされてきたが、長野県の事例を見るかぎりそれとはまったく逆の分布を示している。

この分布はあくまでも現象として現れた餅なし正月の分布である。つまり伝説的説明の有無を問わず、先に定義した餅なし正月の要素を満たすものの分布を示している。第5表に示したように、そうした事例のうち伝説的説明を伴う事例はごくわずかであるといってよい。しかし、従来は伝説にばかり目が向けられていたため、現象としての餅なし正月はむしろ稲作地でもその中心地となるところに集中的に分布することが見えてこなかったのである[2]。

そして、餅なし正月伝承地の分布上の特徴を示す第二点目として、餅なし正月の伝承地が主に松本平―佐久平を結んだラインより北にしか見られないことに注目する。それに関連して、正月における餅の中心的な食形態である雑煮に注目した場合、第6図に示したように、長野県は元旦のみ食べる地域と三が日食べる地域とに大きく分かれることがわかる。この第6図と、先の第5図を重ねてみると、餅なし正月の伝承地は主として三が日の間雑煮を食べるとする地域と重なって分布していることがわかる。この問題については次項以下で、餅なしの期間や代用物の問題と絡めて詳しく論じる。

(2)　餅なしの期間

第5表をもとに、ここでは餅なしの規制が及ぶ期間について検討する。

長野県の場合、一口に正月といっても、一月中だけで、三日年・六日年・十五日正月（若年）・二十日正月・晦日正月と何度となく年取りが設定されていることが多い。それぞれに餅を重要な儀礼食とするが、餅なし正月として餅に対する規制が働くのは、ほとんどの場合、正月三が日に集中していて、若年（またはそれ以降）の餅にまで餅なしの規制が及ぶことは確認されなかった。

また、規制の及ぶ期間が、三が日のうち三日間を通じてということはほとんどなく、三が日の中のある一日ないし一食に餅なしの規制が働くことが多い。三が日の中でもとくに元旦は大きな意味を持っていて、そこに餅なしの規制がもっとも多く集中する。その規制は元旦だけにとどまり、二日には餅が解禁される。そんなとき、本城村八木（第4図、地点63）のように、餅の解禁日となる正月二日をゾウニハジメ（雑煮始め）と呼ぶところもある。また、さらに細かくみてみると、一日の中でもとくに朝食が大きな意味を持っていることがわかり、餅なしの規制が朝食に働き、昼や夕にそれが解かれるとする場合も見られる。この場合は餅に対する規制がわずか一食で解かれることになる。

ここで注意すべきは、餅なし正月の形式をとらずに、たとえば中川村大草（第4図、地点90）のように、元旦に雑煮を食べ、二日をスリゾメといってイモ汁を食べるというような事例が多数見られることである。このほかにも二日や三日にスリゾメ（イモ汁の場合）・キリゾメ（めん類の場合）・タキゾメ（飯の場合）を設定する例は多い。なお、そうした『〇〇ゾメ』というような解禁日を示すことばは二日以降にその食物を食べるときに設定するものであり、元旦に食べるときにはとくにそうした呼び方を用いることはない。

こうした事例は、第4図でいえば地点80以降に集中的にみられるが、それは松本平―佐久平ラインより南の地域である。注目すべきことに、こうした地域はまた、正月三が日のうち雑煮を食べるのは元旦のみとする地域と重なる。

つまり、こうした事例は、元日に餅を食べ二日と三日は食べないとするものであるが、元日に餅を食べているため二日や三日にイモ汁やめん類を食べても餅なし正月とは呼ばれない。しかし、三が日の儀礼食ということでいえば、餅を食べる順番が違うだけで、餅とともにイモ汁やめん類を食べることに変わりはない。つまり、一見餅なし正月が分布しないとみられるところも、実は三が日の儀礼食のレパートリーという見方をすれば、餅なし正月と大きな違いがないことがわかる。

また、反対に、餅なし正月の伝承地は、三が日のうち三日間とも雑煮を食べるとする地域的広がりの中に分布していることがわかる。つまり、これは、元日から三日まで雑煮を食べることができるわけで、たとえ元旦に餅なし正月を設定しても、三日間のうちに餅の解禁日を設けることができることを意味している。実際にそうした事例が、餅なし正月の大半を占めていることは、第5表を見れば明らかである。それに対して、元旦のみ雑煮を食べるというところでは、餅なし正月の伝承はほとんどみられないわけだが、仮に元旦に餅なし正月を設定するとすれば、それは少なくとも大正月中は雑煮を食べることができないことを意味することになる。

つまり、こうしたことから、餅なし正月とはいっても完全に正月行事から餅を締め出すことが目的ではないこと、および餅なし正月と餅正月との間には儀礼食のレパートリーという意味ではそれほど大きな違いはないことがわかる。このことは、次の餅の代用物のところでも別の角度から再度詳しく検討することにする。

(3)　餅の代用物

餅の代用物についていうと、従来の研究はイモにのみ過度に注目してきたといってよい。餅なし正月の代名詞として、イモ正月という言い方をすることがあるのもその一例であろう。しかし、第5表および第7図に示したように、餅の代用物としては、むしろイモよりも広い範囲でそば・うどんなどのめん類が用いられるし、さらにいえば、飯やむすび・焼き餅など米の調製品が雑煮の代わりに用い

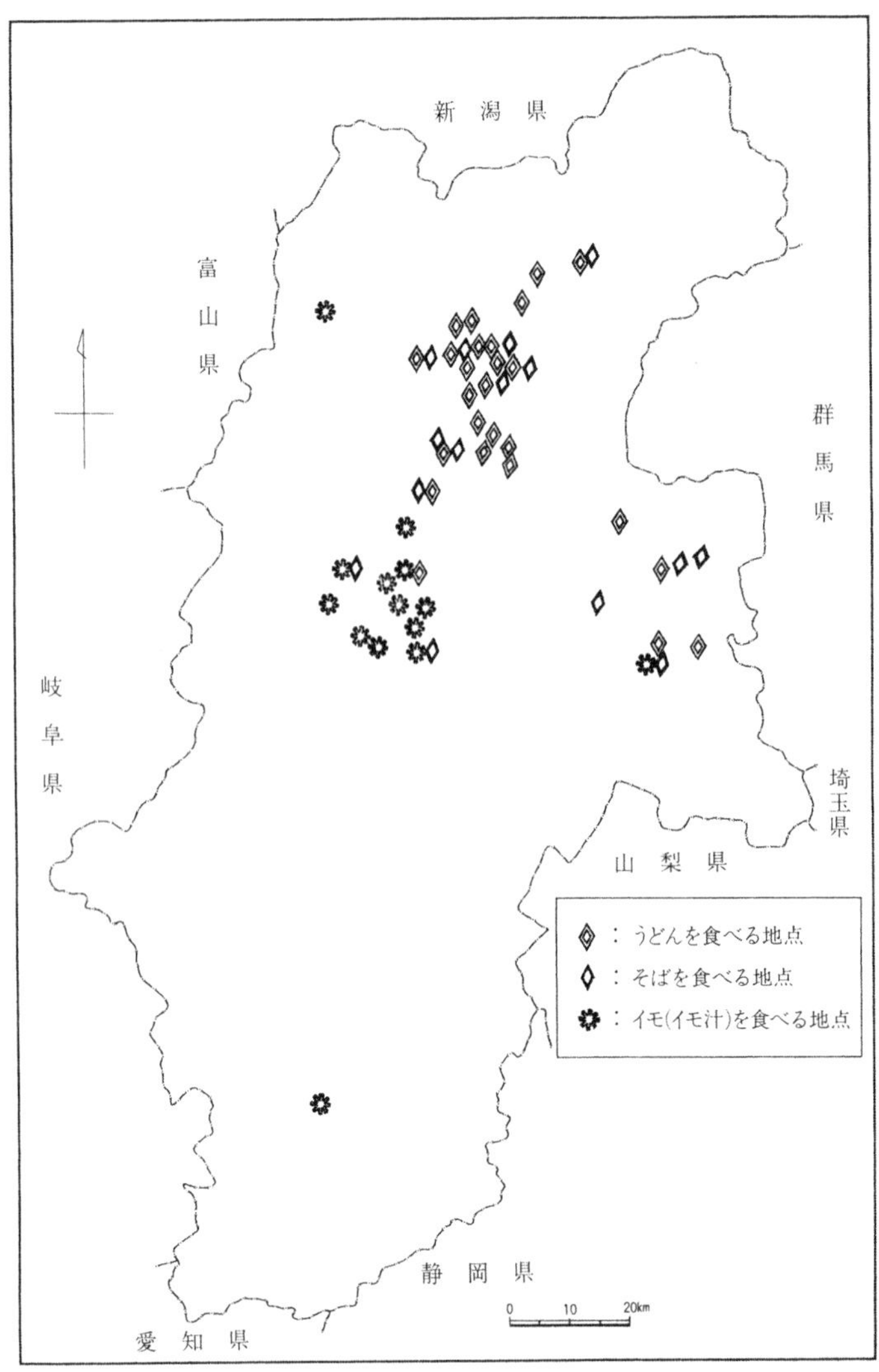

第7図　雑煮（餅）の代わりに食べるもの

られる地点も存在する。また、第Ⅰ部第２章および第Ⅱ部第３章で取り上げたように、正月の家例を示すものとして青菜が重要な意味を持つ地域が関東南部（東京近郊）を中心に広がっている。こうしたことからは、イモ正月という言い方は餅なし正月の一側面にすぎないこと、また「餅なし正月＝畑作文化」や「稲作（文化）対畑作（文化）」という単純な図式では餅なし正月伝承を説明することはできないことがわかる。

まず、先に指摘しておいた餅なし正月が松本平―佐久平ライン以北にしかみられないことについて、餅の代用物という視点から検討してみよう。

松本平―佐久平ライン以北では、元旦に餅を禁忌して他の食物を食べるというかたちをとるため、形式的には餅なし正月と認定されるのに対して、そのラインより南では、元旦に餅を食べつつ、二日や三日にイモやめん類を食べるときを設定しているため、形式としては餅なし正月にはならない。つまり、餅なし正月と餅正月（つまり餅なし正月の形式に合致しないもの）は、先にも述べたように、儀礼食のレパートリーという見方をすれば、ほとんど違いのないことが理解されよう。

つまり、ラインの南・北にかかわらず全県的には、ひとまず餅をいつ食べるかという問題（形式的に餅なし正月になるか否かの問題）はおいて考えると、正月の期間に餅とイモ・めん類をセットで食べることに本来的な意味があることがわかってくる。

そうした中、餅を食べるときを意図的に他の食物より後に設定するのが餅なし正月であるといえる。

つまり、餅なし正月とは、餅を食べるか食べないかという問題ではなく、餅を食べるときを他のもの（めん類やイモ）より先に設定するか後にするかの問題であるといえよう。

また、こうした点を少し角度を変えて、雑煮に入れる具という視点から見てみることにする。元旦に餅なし正月の行われる地域が、松本平─佐久平ラインより南にはほとんどなく、またその地域は正月の雑煮は元旦のみ食べるとする地域と一致することと、雑煮の具との関係で興味深い一致がある。全県的に見ると、雑煮の具にダイコンやニンジンを用いることに変わりはないが、唯一イモ[3]はこのライン以南と以北では対照的な分布を示す。つまり、第8図に示したように、以北では雑煮にイモを入れるところはほとんどみられないのに対して、以南では雑煮の具としてイモ（サトイモ）が多く用いられる。

このことから考えるに、餅なし正月の分布する松本平─佐久平ライン以北では、三が日の中に餅を食べる日とイモを食べる日を別々に設定しているのに対して、以南では、雑煮の中に餅とともにイモも入れてしまうことにより、わざわざ餅を食べる日やイモを食べる日などと区別する必要がないといえよう。そのため、以南では形式的に餅なし正月を設定する必要がないのである。再度振り返って考えると、こうしたことも、正月の儀礼食にみる複合性（餅にイモ汁やめん類をセットで用いることに意味があると考えること）を指摘する根拠になると思われる。

次に、餅の代用物に関して指摘しておかなくてはならない問題が、第7図に示したごとく、イモを

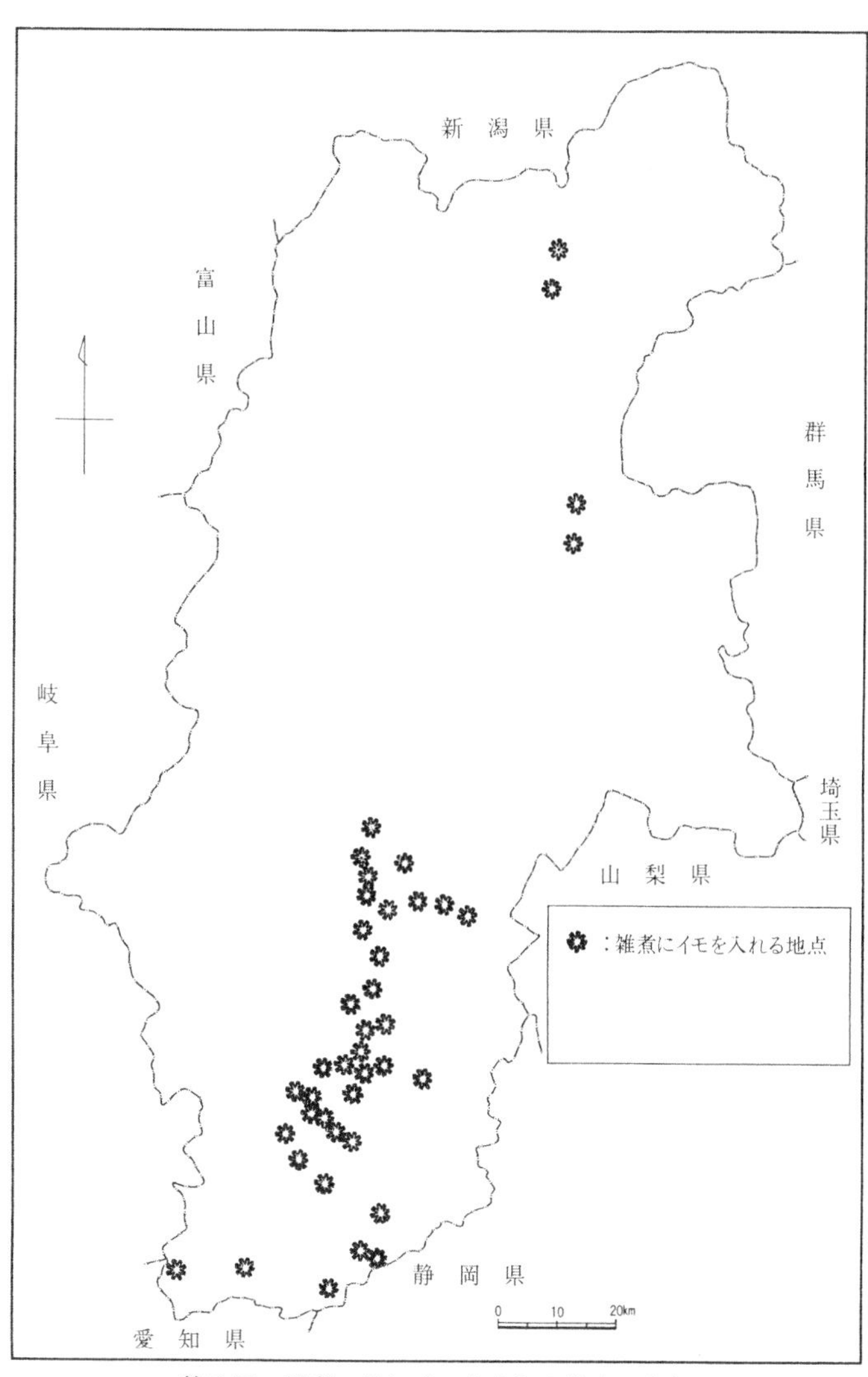

第8図　雑煮の具にイモを入れる地点の分布

代用物とする地域とめん類を代用物にする地域とでは、その地理的分布にかなりの偏りがみられることである。具体的には、餅なし正月という状態を演出するために、長野盆地では主にうどんやそばなどのめん類が用いられるのに対して、松本盆地ではイモ汁が多用されている。

ひとつの解釈は、南のほうが日常の食物として、イモをより多用する地域であったということと関係する。一般に、サトイモは寒さに弱く、秋に収穫したものを冬越しさせることは難しい。つまり寒冷地になるほど、大量にサトイモを栽培しても冬越しできない関係上、それを安定した食料源として長期にわたり平均化して用いることができない。そのため重要な食料源としてサトイモを位置づけることができるのは、冬の寒さの厳しい長野県では県南部に限られるのである。

たとえば天竜村坂部では、飯の補いに、初夏から夏にかけてはジャガイモ、夏から秋にかけてはキビ（トウモロコシ）、秋から冬にかけてはイモ（サトイモ）が大量に食べられていた。こうしたところではジャガイモが取れるとジャガイモばかり、イモが穫れるとイモばかりという「バッカリ食い」が行われていた。とくにサトイモはエゴイモ・ヤツガシラ・ツルノコ・ワセイモ・トウノイモ・アカメなど多くの種類が作られ、秋から冬にかけての重要な主食物となっていた（長野県史民俗編編纂委員会、一九八五）。前述のように、元日の雑煮にイモを入れる地域もこうした日常食としてイモの地位の高いところである。[4]

こうした県南部に近い松本盆地が、餅なし正月にイモ汁を食べる地域となり、それから遠く北に離れた長野盆地がめん類の地域ということになったといえようか。

また、坪井洋文は、全国的な視野に立った餅なし正月の分析から、餅に代わって重要視される食物として、九州地方のイモに対して東北地方のソバ（雑穀）を上げている（坪井ほか、一九八九）。こうした指摘を信じるなら、長野県は、松本盆地より南がイモ、長野盆地より北がソバということになり、ちょうど東北日本と西南日本との境界域にあると考えることもできる。

次に、餅の代用物にされるイモ・コムギ・ソバについて、その素材のもつ意味に注目してみよう。まずいえることとは、これらの作物は米と並んで長野県では重要なケ（日常）の食料であるということである。イモについては、先に掲げた天竜村坂部の例をみればその重要性がわかるであろう。また、ソバやコムギはコナモノ（粉もの）に加工され、代用食や間食（コビルなど）として毎日のように食べられていた。以前は、朝に炊いた飯を三食に分けて食べるのが一般的であったが、多くの場合夕食には飯は足りなくなってしまい、代用食を用意しなくてはならなかった。このとき小麦粉やそば粉を練った皮の中に野菜の味噌炒めなどを餡にして入れて焼いたり蒸したりしたオヤキやヤキモチと呼ぶまんじゅうや、練った小麦粉を直接汁の中に入れて煮たブッコミやツミイレなどと呼ぶ食物が盛んに作られた（長野県、一九九一ａ）。

このように、長野県では日常の食料として、米に加えソバ・コムギの三種は全県的にみて他の食料にまして頻繁に使われた主食料であるし、イモについていえば、それは県南部においてより重要度が高く、米・ソバ・コムギといった主食料のレパートリーに加えられるものである。

こうしたとき、坪井洋文は餅なし正月において餅に代わって用いられるものを「粗末なもの」（坪井、一九七九）と捉えて自説を展開しているが、そうした捉え方は明らかに誤りであると考える。「粗末なもの」という位置づけは、坪井が畑作文化は稲作文化に排除され抑圧されたとみなし、その伝承の暗さ・悲惨さを強調するために、伝説中のモチーフをそのまま坪井の「稲作 対 畑作」という図式のもとに採用したにすぎない。しかし、果たして本当に正月に餅に代わって用いられるものは粗末なものなのであろうか。また、「稲作 対 畑作」という対立図式の上に理解されるべきものなのであろうか。

先に論じたように、イモやコムギ・ソバは素材としてはケの食物として多用されるものであるが、餅なし正月の代用物（正月の儀礼食）にするときと日常の食物として用いるときとでは決定的な違いがある。イモ汁にしろ、めん類にしろ、長野県ではそれは主としてハレの日の調理法なのである。コムギやソバを製粉しその粉をめん状に加工したり、イモを擂り下ろしたりという手のこんだ調製過程を伴うためである（柳田、一九三四）。つまり、餅なし正月の代用物として用いられるイモ汁やめん類はあくまでも儀礼食であることに意味があるといえよう。餅なし正月といっても、餅がないことがすなわちケではなく、調理法という点でいえば、あくまでもハレの場の多様性のひとつなのである。

そして、さらにいえば、餅なし正月における餅の代用物にされるものを日本人の食文化の中で捉え直してみると、本書「まえがき」で示した餅の民俗分類案のうち第二点目の考え方が重要な意味を持ってくる。つまり、農学的にはモチ性を備えていなくても、コムギやヒエのように製粉してから水や湯で練り、さらにそれを蒸したり茹でたりすることで、〝もちもち〟した食感をだすものや、またイモのように食感が本来的に粘性を有する食物があることに注目しなくてはならない。餅なし正月伝承においては、餅の代用とされるコムギ粉・ソバ粉の調製品（うどん・そばなどのめん類）とイモはともに、先に示した民俗分類では餅と近い関係にあるといえる。そうであるなら、コナモノ（粉もの）の代表であるめん類およびイモと米の餅とは民俗分類上はモチ性食物ということで共通性を持つことになる。片方を稲作文化の象徴とし、もう片方を非稲作（畑作）文化の代表のごとく対立的に捉えるよりは、日本人の食伝統（味覚や嗜好といった点）に注目するなら、両者にはそれほど大きな差を見いだすことはできず、むしろ連続性（モチ性食物の多様性）の中に捉えるべきであると考える。

（4）松なし正月との関係

ここで問題とするのは、餅なし正月と同様に、松なし正月が年頭に設定されていることの意味である。後述するように、同じモチーフの伝説を有する松なし正月は餅なし正月と共通する論理をもって正月に設定されていると考えることができる。そうであるなら、餅なし正月だけを取りあげて、畑作文化を設定することには問題があろう。ここでは両者に共通する論理に注目することにする。

なお、松なし正月とは、餅なし正月になぞらえた筆者の造語である。正月の松（門松）迎えに際して、松を切ること・松を飾ることについて何らかの禁忌を有する伝承を指して、そう呼ぶことにする。餅なし正月と同様に、家・一族・集落の単位で伝承されている。

桜井徳太郎によれば、松なし正月とは、もとは年神の依り代としてさまざまな樹木が用いられていたものが、「神道者流の教説」により門松を「常道とする規式」がたてられ一般庶民に強制されたとき、そうした強制力が及ばなかったり、またその勢いが衰えたりして取り残されたものであるとされる（桜井、一九六六）。

従来、正月に松を迎えない習俗と餅なし正月との関係に注目した研究は多くない。その中で千葉徳爾は同じ長野県を取りあげて重要な指摘をしている。つまり「門松を建てることと雑煮餅を元日の供物として朝から家族が食べるという習慣は、伴っていることが多いようです。たとえば、北安曇郡白馬村神城には門松の代わりに柳を立てる家系がありますが、この一統は同時に正月二日にはじめて雑煮を食べるといいます」（千葉、一九七六）という。

千葉の指摘する餅なし正月と松なし正月との関連性について、長野県全体をもう少し広い視野でみてゆくことにする。第5図と第9図を比較していただきたい。それをみると、松なし正月の伝承地と餅なし正月の伝承地は、千葉がいうのとは反対に、むしろ一部を除いてほとんど一致しない。これは、餅なしの伝承地には松なしの伝承は存在せず、反対に松なしの伝承地には餅なしの伝承は存在しないことを示している。このことから発想すると、餅がない（禁忌する）状態なら、わざわざ松なし（松

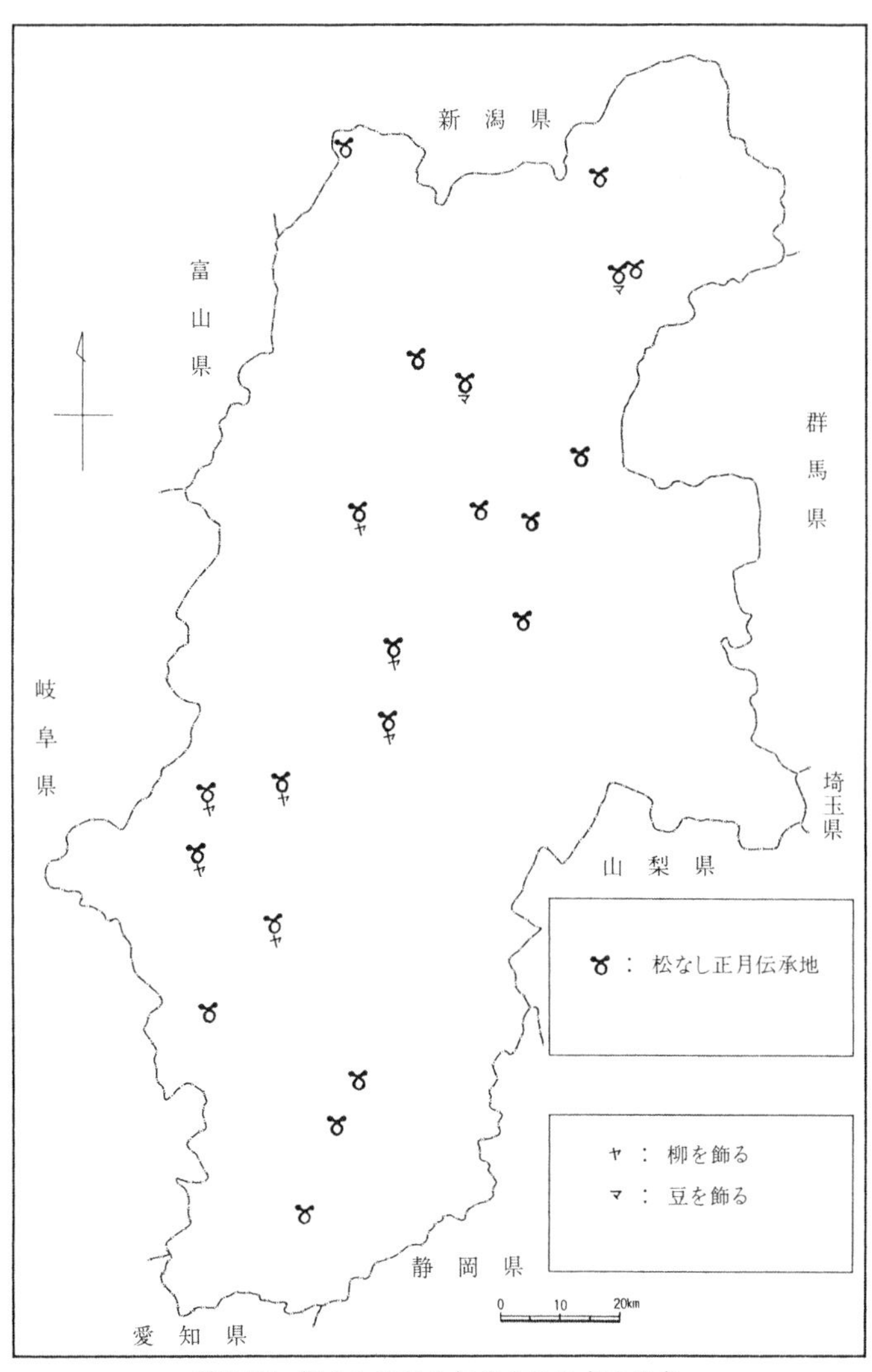

第9図　松なし正月を伝承する地点の分布

の禁忌）を説く必要がなかったことを意味すると考えられる。

そのひとつの傍証として、松なし正月と餅なし正月が対抗的に用いられるという興味深い事例（伊藤、一九八二）がある。明和八年（一七七一）武蔵国多摩郡小川村での出来事である。その年の凶作を理由に、名主が農民に倹約を強い、正月には門松は立てても餅は搗かないように申し渡した。それに対して農民側では正月餅を搗き門松は立てないというかたちで対抗したという。歴史史料をそのまま民俗事象に当てはめてしまうことには問題があろうが、この事例は、「餅なし―松あり」の要求に対して「餅あり―松なし」により対抗するというもので、餅なしには松なしは必要なく、また松なしには餅なしが必要ないこと、および松と餅はそのうちのどちらかが欠けても正常な正月にはならないことを説明するものとして注目される[5]。

そして、もうひとつ注目すべきは、松なしの伝説的説明である。なお、これには浄土真宗の家では松飾りをしないという事例は除外して、伝説的な説明があるもののみに注目した。第7表が『長野県史　民俗編　資料編』に報告された松なし正月伝説の総体である。

この伝説を検討してみると、正月に松を切らない・飾らない理由として語られるのは、先祖が戦などで忙しくて松を伐ってこれなかったというもの、先祖が松で目を突いたというもの、松を取りに行った留守に先祖や領主が滅ぼされたというもの、松の蔭に隠れて危うく難を逃れることができたからというもの、先祖が松を取りに行って死んだからというもの、門松を立てると大火に会うとするもの、

第6表　餅なし正月の由来・伝説

地　名	型	餅なし正月の由来・伝説
50　宮下	Ⅰ	海尻の井出一族はみそか餅を搗かなかった。海ノ口城の平賀源心が甲斐の武田信虎に勝って、戦勝祝いをしてぐっすり寝込んでいるところを途中から引き返してきた信虎の長男で17才の武田信玄に攻め滅ぼされたのは12月29日のことだからである。だから暮れの祝い餅を搗かない。その代わり暮れに蓑と杖を縁側に並べる。落城して落人となりこの地へ入植したときの苦労を忘れるなということである。
51　御所平	Ⅰ	海ノ口には暮れに餅を搗かない家がある。暮れに餅を搗いて、雪も降ったし敵も来ないだろうということで、酒を飲んで騒いでいたところを、武田信玄に攻められて滅んだからだという。
15　三水	Ⅱ	先祖が餅をのどに詰まらせたため、正月のうちだけは餅を食べないマキがある。
63　八木	Ⅱ	元日に雑煮を食べると四阿屋権現の祭りで腹を病むといわれ、雑煮は２日に食べた。
78　下波田	Ⅱ	先祖が正月雑煮を食べて大病したといって、雑煮を食べない同姓の家がある。
34　与良	Ⅲ	ある家では暮れに餅を搗いていて、誤って合いどりの人を突き殺してしまった。それ以来、暮れに餅を搗くと餅が血のように赤くなるため、正月になってから搗くという。
36　長土呂	Ⅲ	昔、ある家の本家で正月準備の餅搗きをしているとき、誤ってエイドリしていた女中を突き殺してしまった。そのとき以来、この一族は本家・分家ともに鏡餅を搗かない。
51　御所平	Ⅲ	暮れのみそか餅を搗かない家がある。昔、暮れの餅を搗いていて猫を搗きつぶしたからだという。代わりに、正月の末になって、みそか餅として搗く。
91　伊豆木	Ⅲ	昔ある家で、召使の女が正月餅の米をふかしながら居眠りをしていたので、主人が怒って女を火の中に蹴込んで死なしてしまった。それ以降、餅米をふかすと真っ赤になって餅が搗けなくなった。
48　崎田	Ⅳ	昔、餅搗きのとき火災にあったので、節餅・鏡餅は搗かない家が多い。今でも節餅は搗くが、正月の神前に供えるオソナエモチは搗かないし、また上げない。
44　高野町	Ⅴ	長いものに長生きの縁起をかついで、雑煮の代わりに、そばやうどんを食べる。
57　穂高	Ⅴ	元日から雑煮を食べるのは贅沢であるといい、２日の朝に雑煮を食べた。
61　麻績本町	Ⅴ	この地方では、元旦の朝はそばを食べる。昔、この村に赤痢がはやって死人がでたことがあったため、村の人は腹の病気を治す神様である四阿屋権現に元旦は餅を食べないから治して下さいと願掛けした。霊験があったので、これが今でも続いている。
62　西ノ久保	Ⅴ	四阿屋山の神に火災がないようにという願を掛けたため、元旦には餅を食べない。
65　取出	Ⅴ	石尊様へ願をかけたので正月元旦には餅を食べない。

Ⅰ：先祖の苦労、 Ⅱ：先祖の災難、 Ⅲ：死(たたり)、 Ⅳ：火、 Ⅴ：その他

第7表　松なし正月の由来・伝説

地　名	型	松なし正月の由来・伝説
信州新町上条　★	Ⅰ	土地の領主が12月30日に滅ぼされたので、戦争におわれて年取りができなくなった。それを子孫に伝えるために松を飾らない。
山ノ内町沓野	Ⅰ	佐藤マケ(一族)では松を切らない。佐藤家は藤原氏の子孫で、戦国時代に渋峠で松の木の陰に隠れて追っ手から逃れた。そのため「隠れ佐藤」とも呼ばれるが、佐藤家では松に助けられたため、松の木を大切にして今でも正月に松を飾らない。
長野市篠ノ井長谷	Ⅰ	山へ松を採りに行っていた留守に、落城してしまったので、松の代わりに豆の枝を飾るようになった。
和田村久保	Ⅰ	遠藤姓の家では、むかし村境まで行かなくては松がなく、それなら他の木でもよかろうといってさわらの木の枝を立てたので、今でも松の代わりにさわらを飾っている。
松本市寿赤木	Ⅰ	正月の松飾りの代わりに柳飾りを立てる。お殿様のお伝馬でせわしなく松を飾ることができなかったため、代わりに家の近くの柳を立てた。それが伝えられたものだという。
木祖村田ノ上	Ⅰ	松を立てずに柳を飾る家がある。むかし鳥居峠の合戦に徴兵され、大晦日に帰りが遅くなったため山へ松を採りに行く時間がなく、帰りがけに河原の柳を折ってきて、松の代わりに立てたからである。
上松町吉野	Ⅰ	松を採りに行く時間がなく、かわりに柳を刺した。それから柳を飾るようになったという。
山ノ内町菅	Ⅱ	山本一族では先祖の山本勘助が松で目を突いたからといって、門松の代わりに豆の枝を立てる。
飯田市上虎岩	Ⅱ	池田の姓を名のる家では、正月に藪に竹伐りに行って目を突いたので、正月飾りは松だけで竹は立てない。
下條村吉岡	Ⅱ	入野の宮島一族は、先祖が門松で目をつぶしたので、正月の松を立てない。
同	Ⅲ	土地の豪族である下条氏の11代目頼安は、天正12年の正月に妻の実家である信濃守護職の松尾城主小笠原信嶺のもとへ年賀に行き、だまし討ちにあって殺された。それが正月の出来事であったので下條村や富草・大下条などでは正月の松納めは四日の朝に行う。
豊丘村城	Ⅲ	鈴木家の先祖が門松伐りに行って、松から落ちて亡くなった。そのため鈴木家では松の代わりにソモヨを立てる。
安曇村稲核	Ⅳ	ここでは門松を立てない。門松を立てると大火があるという。
和田村久保	Ⅴ	松山姓の家では、自分の姓を切るといって松を立てない。代わりにさわらの枝を立てている。
明科村上押野	Ⅴ	松迎えの日は決まっていない。また、たいていは松を伐ってくるが、柳や榊の家もある。
塩尻市宮前	Ⅴ	上田区の横沢姓は、正月の松飾りをせず柳を使う。宮前では松を庭に植えてはいけないという。
開田村髭沢	Ⅴ	28戸の内6戸の家では松ではなく柳を立てる。そうした家は古い家だといわれている。
三岳村本洞	Ⅴ	正月に松の代わりに柳を立てる家がある。その家は平家の筋だといわれる。

Ⅰ：先祖の苦労、 Ⅱ：先祖の災難、 Ⅲ：死(たたり)、 Ⅳ：火、 Ⅴ：その他

★：餅なし正月の伝承地

などである。まとめると、先祖の苦労に由来するもの・先祖の災難に由来するもの・死（たたり）に関連づけられるもの・火（火事）に関連づけられるものの四つに分類することができる。

この松なし正月の伝説と餅なし正月の伝説を比較してみると、いくつかの点で非常に似ていることに気がつく。第６表に示した餅なし正月における伝説のモチーフを分類すると、やはり先祖の苦労に由来するもの・先祖の災難に由来するもの・死（たたり）や火（火事）に関連づけられるものなどの分類はそのまま当てはめることができる。このように伝説的な説明では、餅なし正月と松なし正月とは大変に類似したモチーフを持っているということができる。

次に、松なし正月における松の代用物に注目してみる。松の代用として上げられるものに、柳・竹・さわら・さかき・豆・ソヨモなどがある。それらを全県図の中に落としてみると、代用物にも分布上の地域性をある程度読み取ることができる。[6] ただし、ここで問題とすべきは、松に代用物が用いられるそのこと自体である。多くの場合、松なし正月とはいっても松以外のものを用いて正月の飾りを作っている。このことは、餅なし正月とはいっても餅の代わりにめん類やイモ汁を儀礼食として用いることと共通するものである。このことは何を意味するのであろうか。

餅の代用としてめん類・イモ汁を用いることも、松の代わりにほかの木を迎えることも、正月というハレの時空間を完全に否定するものではないことを示している。代用物とされるものは、めん類やイモ汁で検討したように、けっしてケの食物ではなく、やはりハレの場で用いるものである。松の代用物にしても、松を迎えないということは何も迎えないということではなく、他のものは正月飾りとして迎えている。

それは、正月というハレの時空間を完全に否定するものではなく、松や餅といったもので正月が単一化（統一）されてしまうことへの否定であり、それは複合性の維持を志向するものであるということができる。

さらに、伝承者（家・一族・地域）の側から、松なし正月と餅なし正月とに共通する観念を抽出すると、正月に松以外の木を迎えることや餅以外のものを食べることは、一般の正月とは少し違うハレの時空間を作り出すことになる。このとき松なしや餅なしによりもたらされる一般とは少し違ったハレの時空間の持つ意味は、第Ⅰ部第2章において雑煮の持つ機能としてあげた点、つまり他家（他一族・他地域）との差異化であり、つまるところ自意識の表明であるといえよう。なお、この問題は第Ⅱ部第3章においてあらためて、餅なし正月と家例との関係に注目して論じることにする。

4　餅なし正月再考

（1）　餅なし正月の正体

ここで、今までいくつかの要素に分けて検討してきたことをまとめて、餅なし正月のもつ伝承としての性格を明確にしておく。

まず第一に、「餅なし」正月とはいっても、これは餅を完全に拒否するものではないことに注目しなくてはならない。多くの場合、餅には解禁日が設けられる。三が日の儀礼食をみた場合、餅なし正月の伝承としてもっとも一般的な事例は、元旦に餅に対する規制が働き、二日ないし三日に餅が解禁されるというもので、餅が禁忌されるときには代わりにめん類やイモが用いられる。三日間とも餅を規制する事例もごく少数見られるが、そうした事例も四日以降、小正月までには詳細不明の事例を除くとすべて餅は解禁される。

こうしたことと並行して、長野県内には、餅なし正月という形式はとらないけれども、餅とともにイモやめん類を正月三が日の儀礼食に用いるところが非常に多く存在することがわかっている。これは餅なし正月の分布上の特性としても把握することができる。つまり、餅なし正月伝承の多くが雑煮を正月三が日の間食べるとする地域に集中してみられるのに対して、正月の雑煮を元旦しか食べないとする地域には餅なし正月の伝承はほとんどみられない。こうした餅なし正月の分布するところでは、三が日の儀礼食においてイモまたはめん類を先に食べその後に餅を食べるという順番をとるのに対して、餅なし正月の分布しないところでは最初に餅を食べて次にめん類やイモを食べる。

つまり、こうしたときの正月三が日の儀礼食の基本は、餅なし正月という形態をとるかとらないかは別として、イモやめん類と餅をセットで食べることにあるといえる。これが第二に注目する点である。

こうしたことは、餅なし正月と餅正月とは従来いわれてきているほどかけ離れた民俗事象ではないことを示している。両者の間には大きな民俗的断絶があるかのように扱われてきたが、実際は元旦に餅を食べなくとも二日か三日に餅は解禁になるわけだし、その反対の事例、つまり餅なし正月という形態はとらないがイモやめん類を正月の儀礼食とする事例も数多い。

餅正月と餅なし正月との間には、餅とイモやめん類の順列・組み合わせによるさまざまな中間形態がある。また、その三つの食品がそれぞれ三が日の儀礼食となる事例も少なくない。そのとき、その順列・組み合わせの中で、とくに元旦（またはその朝食）に餅が用いられないときを餅なし正月と呼んでいるにすぎない。

つまり、全県的には餅とイモやめん類をセットで正月三が日の間の儀礼食とすることに本来的な意味があり、そのとき餅を食べる時間をめん類やイモよりも後に設定するのが餅なし正月であるといえる。餅なし正月とは、餅を食べるか食べないかという問題ではなく、餅を食べるときをめん類やイモより後にするか先にするかの問題であるといえる。

また、形態として餅なし正月の要件を満たす伝承のうち、餅禁忌についての伝説的説明がつくのはごく一部にすぎないことに気づくはずである。従来、餅なし正月が餅正月とは隔絶するものとして強調され、拠って立つ文化的基盤の違いとして解釈されてきたのも、それはすべて過度にその伝説に分析の視点が偏っていたからである。正月の儀礼食として、もう少し丁寧に眺めるなら、けっして餅正月は餅なし正月とかけ離れた（文化的基盤を異にするような）存在ではないことがわかるであろうし、その伝説の中身を過度に深読みする必要もないであろう。

そして、第三番目に、餅なし正月の性格としてあげなくてはならないのは、餅なし正月は従来いわれてきているように、餅正月に先行（または先行した文化の残存）するものではないということである。餅なし正月はあくまで、餅正月を基盤にして生成されたものであり、その伝説はそうした後発性を示すためのひとつの説明にすぎないと考えられる。[7]

この問題は、長野県内が雑煮にイモを入れる地域と入れない地域とに二分され、それがそれぞれ餅なし正月の分布しない地域と分布する地域に対応することからも読み取れる。雑煮にイモを入れない地域は、雑煮の具として餅に大きな価値を置く、つまり雑煮が餅により代表されるところであるといえる。それに対して、雑煮に餅とともにイモを入れる地域は、雑煮は餅で統一される（餅以外の具は単なる添え物という扱いになる）ことなく、イモは餅同様の民俗的価値を持って雑煮に入れられる。

言い換えれば、雑煮に注目すると、餅なし正月の分布する地域は、餅による単一化の進んだところであるのに対して、餅なし正月の分布しない地域は餅とイモの複合した地域であるといえる。もちろん、そうした餅と同様の民俗的価値を持つものは、イモだけでなく、地域性を反映してさまざまなものが想定される。[8]

つまり、雑煮の具としてのイモに注目したとき、餅なし正月は、むしろ餅による単一化の進んだ地域と分布が重なる。餅による単一化が進んだところであるから、餅なし正月を設定することにより餅による単一化を意図的に排除しなくてはならなかったのであり、その反対に餅とイモの複合したところではわざわざ餅なし正月を設定する必要がなかったといえる。

また、この第三番目の問題については、大きな広がりをみせる稲作地の中でもとくに稲作優越地に餅なし正月が多く分布するという点により、より明白であるといえる。このことは餅なし正月の起源に関連して後述することにする。

以上まとめると、餅なし正月の種々の性格が指し示すひとつの方向性がある。正月の持つ複合的性格である。これは松なし正月の検討を通しても同様なことがいえた。ここでいう複合とは、今までいわれてきたような種族文化複合[9]のことではない。表面的には餅により単一化されてきたようにみえる正月儀礼（とくに元旦を中心とした大正月）も、実は儀礼食からみると餅だけではなく、イモやめん類を用いる複合的な性格を有していることがみえてくるのである。そのとき餅なし正月は、そうした本来持っている正月の複合的性格を際立たせるための文化的装置として位置づけられる。

(2)　餅なし正月の起源

餅なし正月の起源について、坪井洋文は、水田稲作に先行する焼畑を想定して、「『餅なし正月』は畑作民的農耕文化を母体とした儀礼である」とし、餅なし正月を縄文時代にまで遡って解釈しようとした[10]。また、直江広治も餅なし正月の起源に触れ、「里芋と山芋が多用されることが、水稲栽培以前の日本の古層栽培文化複合といった問題に結びついてくるものと考えられる」（直江、一九七二）とし、さらに桜田勝徳は、「太平洋の南の島々にひろく分布したタロ芋文化の古い遺風が、正月の儀礼と結びついて残存」（桜田、一九五九）したものと考えていた。このように餅なし正月の起源を歴史上非常に早い時期に設定する傾向があり、それが定説化しつつあった。

近年の考古学や人類学のめざましい成果を見れば、日本歴史において水田稲作に先行して焼畑などの畑作が行われていたと考えることに異論はないが、筆者は坪井や直江・桜田のように餅なし正月伝承をそうした原始古代にまで及んで解釈することには反対である。後述するように、餅なし正月の伝承が形成されるのは、おそらくそのずっと後、せいぜい近世後期以降になってからのことであると考えるからである。日本民族の遠い記憶が民間伝承として現代にまで伝えられるというロマンをすべて否定するつもりはないが、餅なし正月についてはそれはありえない。なぜなら、餅なし正月伝承は、その前提として、正月という時間観念（つまり暦法の受容）や雑煮という食習の問題など、原始古代よりずっと後代になってから受容された民俗文化を基盤として生成されたものだからである。

餅なし正月伝承の起源を筆者なりに考察するに当たっては、まずその地理的な分布に注目してみる。もし坪井が主張するように、餅なし正月は畑作民的農耕文化を母体とした儀礼であり、稲作民文化と畑作民文化が接触したときその軋轢から生まれたとするなら、その分布は稲作地の周縁部に色濃く残存してもよいはずである。しかし、長野県を例にしてみるかぎり、むしろ餅なし正月は、長野盆地や松本盆地というような稲作優越地に多く分布する。畑作が優越する山間地には餅なし正月伝承は希薄である。

つまり、そうした地理的分布をもとにその成立の前後関係を読み解くなら、餅なし正月はむしろ餅正月を基盤にして成立したものとするほうが妥当であろう。前章まで検討してきた餅なし正月に関する餅なしの期間・餅の代用物・餅なし伝説・雑煮の具としてのイモといった問題は、すべてそれを裏付ける方向を示しているといえよう。「餅なし」は「餅あり」を前提にして成り立つものであり、餅なし正月は餅正月の一類型であるということもできる。

先に、餅なし正月の性格として、正月儀礼の本来有していた複合的性格を際立たせるものであることを指摘した。正月儀礼が本来持っていた複合性が稲作の単一化傾向に呼応する形で、餅により儀礼食も単一化していこうとするとき、餅なし正月は餅による単一化の流れとは逆行するかたちで存在したのである。そう考えていくと、餅なし正月は、日本において稲作による特化（単一化）が高度に進行する過程において生みだされたものであるということができる。

つまり、複合した状態においては、稲や畑作物のほか漁撈や狩猟なども含めてさまざまな生業により生計活動が成り立っていたことが想定されるわけであり、そうした複合生業の中では稲作だけが突出した存在ではなかった。それが、稲作は水田を舞台にすることにより、その水系制御の技術を高度化するに従って、水田二毛作・畦畔（畦豆）栽培・水田漁撈・水田養魚・水田狩猟といったかたちで稲以外の生産物（ムギ・マメ・淡水魚介類・水鳥類など）を稲作の中に取り込むことができた。つまりひとことでいえば、他生業の稲作論理化である。そうした水田稲作に秘められた力があるからこそ、日本人は歴史上食物の自給性を保ちながら、かつ稲作に高度に特化（単一化）するという生計維持の上で相反することを可能にすることができたといえる[11]。

こうした稲作による特化が高度に進行するのは、長野県の場合は近世後期以降とくに近代になってからのことであると考えられる。それは、稲作による他生業の内部化傾向が進み、畑作については水田二毛作や畦畔栽培が一般に普及するのがほぼそのころとされるし、漁撈については水田を舞台として養魚（近世後期に成立）が広く一般に普及するのがやはり近代以降のことであるからである。このように水田において稲作により高度に内部化された他生業の代表例となる水田二毛作や水田養魚の成立および普及の時期を考えれば、餅なし正月伝承の成立は近世後期以降（とくには近代になってから）であると仮定してもよいであろう。なお、山梨県のウドン正月（正月元日の儀礼食にうどんを食べる食習）においても、その成立と水田における米麦二毛作の成立との関連性が指摘されている[12]（影山、一九九五）。

こうした水田における他生業の内部化が進むことにより、それ以前は生計維持の上で同等の価値があった稲と畑作物のうち、稲はいわゆる「主作物」「表作物」となったのに対し、二毛作や畦畔栽培によるムギやマメの生産は「副作物」「裏作物」としての位置づけが表面上なされるようになっていったといえる。

しかし、そうした状況にいたっても、一般の庶民にとっては実際の食生活は米だけで賄われるものではなく、むしろ天竜村坂部の事例に示したように、雑穀やイモなどの自給的作物により賄われる部分が多かった。しかも、こうした生計維持の傾向は稲作に高度に生業が特化（単一化）した後もむしろ維持されてきたことであった。

そう考えるなら、餅なし正月の設定は、何も変わったことを示したものではなく、むしろ庶民の生活の実態に即した状況を儀礼化したものであるということができる。つまるところ、餅なし正月伝承は建前上（公的に）進んだ稲作単一化と実際の庶民の複合的な食生活とのギャップが生み出したものであるといえよう。

なお、ここで筆者が展開する論とは少し視点を変えて、餅なし正月伝承地において餅の代用物となっていたイモとめん類について、その調理用具の面から、餅なし正月の起源について検討することも可能である。

長野盆地において餅の代用とされたうどん・そばなどのめん類については、コムギやソバといった雑穀の製粉技術の面からみていく必要がある。雑穀の製粉には主として石臼が用いられているが、一般に石臼が普及するのは一七世紀初めのことである（三輪、一九八七）。石臼以前にも搗き臼により杵で突いて製粉する方法もあった（柳田、一九三四）が、ハレの食物とされるめん類は一般にケの食物となるコナモノとは違って、めんが細く線状に刻まれることをみてもわかるように、繊細さを要求されるものであった。そのため、より緻密な製粉技術が必要とされ、それは石臼の登場を待たなくてはならなかったと考えられる。そうなれば、うどん・そばといっためん類が、餅なし正月の伝承地において餅の代わりに用いられるようになるのは、最大遡っても一七世紀までということになる。

また、イモについては、松本盆地において餅の代用物に多く用いられるが、その場合イモを擂り下ろしてイモ汁にして食べることが多い。このときイモを擂り下ろす道具として擂り鉢が用いられる。擂り鉢は日本においては鎌倉時代に石臼とともに伝来したとされるが、当初その使用は上流階級に限られており、一般に普及するのは、江戸時代末、備前において鋳込みの擂り鉢が大量生産されるようになってからのことである（三輪、一九八七）。そうなると、イモ汁という調理法に注目する限り、イモが餅の代用とされるのは江戸時代末つまり一九世紀後半以降のことであるといえる。

こうした点は、必ずしも直接的に餅なし正月の起源を示すものではなく、あくまで傍証にすぎないが、この点からも餅なし正月の起源は最大に遡っても近世までということになり、先に筆者が検討したことを支持しているといえよう。

（3）　大正月と小正月

稲作による単一化の進展が餅なし正月を生む直接の引き金になったことは前述の通りだが、そのときなぜ餅なし正月という伝承が生み出されなくてはならなかったのかという点についてもう少し考えてみる必要がある。その主たる要因は、庶民生活の実態を反映する複合性の維持を儀礼的に表現することにあることは前述の通りであるが、それに関連して、もうひとつ要因として検討しなくてはならないことに、小正月（望正月）から大正月（朔旦正月）への儀礼の移行の問題がある。[13]これは日本の在地において暦法が一般に普及する時期とも一致すると考えられる。

大正月と小正月の関係については、柳田国男がいち早く論じている。大正月に対して、小正月は「家々の正月すなわち以前の正月という意味」であるとし、「この日を元日よりも大切にし、いろいろ忘れ難い行事を今でも満月の頃に集注している」とした。そして、正月四日に福入り雑煮を食べることが、大正月の食物の残りを食べるものであり、それは大正月に対する直会の意味であるのに対して、二十日正月が骨正月・かしら正月・トロロ正月・麦飯正月といわれるのも一五日の小正月に対応するものであると考えた（柳田、一九四九）。

また、柳田は、餅なし正月の発生について、大正月と小正月の分離の問題に関連づけて論じており注目される。「『餅無し正月』というものは、日本では古来一月一五日の満月の折りが、本当の年取りの日であったことを語ってくれる」（民俗学研究所編、一九五三）とするのである。この点は、餅なし正月の起源を考える上で、後述するように、とくに重要な示唆に富むものであると筆者は受け止めている。

次に、もう少し具体的に長野県の事例を検討してみよう。長野県の場合、正月餅を搗く機会は大きく二つに分けられる。ひとつが大正月の餅であり、もうひとつが若年（小正月）の餅である。大正月の餅が鏡餅として年神に供えられ、また雑煮として元旦および三が日に食されるのに対して、若年の餅はモノツクリに用いられたり道祖神祭の供物にされることが多い。

一般に正月は一月朔日を中心とする朔旦正月つまり大正月よりも、一五日前後の望（満月）の日の正月つまり小正月のほうが、より古い民俗的様態を残すとされるが、実際、予祝儀礼を代表とする農耕儀礼が多くみられるのは小正月の方である。

こうしたとき、餅なし正月の伝承が、多くの場合、大正月の期間に限られていることに注目する必要がある。とくにその中心は一月元旦の餅の禁忌に関して語られるものである。こうした大正月の期間を越して一月一五日の若年までその禁忌が及ぶことはなく、ほとんどの場合、大正月中に餅の解禁日が設定されている。

また、大正月には同様な伝説構成を持つ松なし正月の伝承も存在する。この松に対する禁忌は明らかに大正月の松迎えを対象としたものであり、一月四日または六日の松の内の期間に限られることである。小正月においても若木迎えは行われるが、そこで松なし正月に類する伝承が語られることはない。

こうしたことを考えあわせると、餅なし正月の伝承は、一月一日を中心とした大正月に対してなんらかのメッセージを持つものであるということができる。そのメッセージとは、餅により単一化してゆく正月儀礼に対しその本来の複合性を維持しようとするものであると考えられる。本来複合的であった正月儀礼が、餅に象徴される稲作儀礼へと特化（単一化）していくとき、その契機となるできごとのひとつに大正月と小正月の分化を当てはめることができる。

本来、複合的な性格の強かった正月が、大正月と小正月に分化するとき、両者はそれぞれ違った性格を持つことになる。大正月は儀礼的に稲作による単一化が整った形であるのに対して、小正月は生業複合的な要素を多分に残すものとなった。小正月の生業複合的性格については、第Ⅰ部第３章においてモノツクリに注目して論じた通りである（安室、一九九一ａ）。また、言い換えると、大正月は稲作をもって単一化されることにより、より公的な性格を有することになったのに対して、小正月は一般庶民の私的なつまり自給的な性格を色濃く残すものとなったといえよう。

長野県の場合、農耕儀礼に限って、大正月と小正月を比べてみると、上記のような対比が明瞭となる。元旦から六日の松の内まで（大正月に対応）と七日以降一五日まで（小正月に対応）という対比でみてみると、元旦から六日にかけては、県内各地の神社において、田起こしから始まって、苗代作り、田掻き、田植え、田の草取り、稲刈りまでの所作を模擬的に行い、稲の豊作を祈願する神事が営まれている。たとえば、五日には更埴市八幡の武水別神社で「お田植え神事」が行われ、六日には、臼田町田口の新海神社で「お田植え祭」、軽井沢町峠の熊野皇大神社で「御田遊びの神事」、長野市松代町の玉依比売命神社で「御田祭」、塩尻市北小野の小野神社で「御田作祈念祭」がそれぞれ行われる。

これらは、年頭における作物の予祝（豊作祈願）が、稲作により代表されるかたちで、いわば稲作に単一化されたかたちで儀礼化されたものであるといえる。このときには御田植えの神事とはいっても実際はさまざまな作物の豊作祈願が行われることも多い。しかし、あくまでも儀礼の形態は稲作の作業を模したものであることに注意する必要がある。こうしたことから、稲作の豊作がイコールほかの作物の豊作をも意味するという観念がそこに形成されていることがわかる。

また、こうした行事は、家や一族といった私的なレベルではなく、あくまで各地の中心となるような神社において主として行われている。つまり、大正月における農耕儀礼は、公的な性格が強く、しかも稲作に特化した儀礼であるといえる。

玉依比売命神社の御田祭（長野市松代）

そして、この六日を過ぎ七日になると、今度は村の神社で行われるこうした作物の豊作祈願が稲作で代表されることはなくなる。たとえば、先に上げた長野市の玉依比売命神社の例でみてみると、六日の「御田祭」に引き続き、七日には「包み換え神事」が行われる。包み換え神事とは、一年間壺に納めて

玉依比売命神社の包み換え神事（長野市松代）

おいた飯に生える黴により判断する作柄占いで、この場合、稲を含む多数の農作物が占いの対象となっている。このほかにも同様の作柄占いは各地で行われる。たとえば、一四日には上田市下之郷の生島足島神社で「お筒粥の神事」および下諏訪町の諏訪大社下社春宮では「お筒粥の神事」がそれぞれ行われる。ともに稲をはじめとして繭・粟・稗・麦などの豊凶を判断するものであるが、諏訪大社のそれは実に農作物四三種の豊凶が判断された。以前は、各農家ではこうした判じをいただいてきて、それに従って種を蒔けば豊作間違いなしということになった。つまり、こうした作柄占いの神事も形を変えた作物の豊作祈願であることに違いない。

大正月の御田植え神事による豊作祈願の場合は、稲に単一化することにより、他の作物にもまして稲が何としても豊作であってほしいという願いが込められるのに対して、こうした小正月の作柄占いによる豊作祈願は、何かひとつのものに特化せず、その年よいものを選択してその豊作を祈ろうとするものであるといえる。そこには、稲を作物の代表として絶対視する姿勢はない。

こうした神社の神事とは別に、各村々でも、一五日の小正月のドンド焼きや道祖神祭りに伴って作物の作柄占いが行われる場合は多い。その一例として、長野市若穂町保科高岡の道祖神祭りが上げられる。そこでは、一五日に各家の年神棚にまつられたヌルデ製の一対の道祖神人形を村の道祖神の祠に移し、古い人形と取り替える。そうした古い人形やしめ飾りを集めてドンド焼きが行われる。そして、それが終わると村の公会堂に集まって、「道祖神日待ちの小豆焼き」が行われる。これは、アズキを鉄皿の上で焼いて、そのはじけ具合を見て占うもので、道祖神のご機嫌から始まって世の中の様子・作物の作柄・天候など約三〇項目の判じが行われる。

道祖神日待ちの小豆焼き（長野市若穂）

このほか小正月における作物の豊作祈願は、成り木責めやモノツクリなど、広く民間において家の行事としても行われる。成り木責めでは主として木に実るものが祈願の対象となるし、モノツクリでは稲・繭・柿・綿花などの商品作物が主たる豊作祈願の対象となる（安室、一九九一a）。こうした例もやはりその豊作祈願は稲にのみ特化して行われているわけではない。

そんなとき、倉田一郎が指摘した小正月・大正月の分化と儀礼の移行との関係についての論は興味深い。それによると、大正月の導入を契機に、もと小正月のサツキ祝であったタウチ正月などの行事が大正月と小正月の間に当たる正月十一日に移行したとされる（倉田、一九六九）。また、さらに、そうした正月十一日に行われることの多かったタウチ正月が、正月二日や四日に行われるようになってきたという（宮本、一九七二）。こうしたことは、大正月と小正月との分化を契機にして、生業複合的な農耕儀礼は小正月に残り、稲作に特化した部分が大正月に移ったことをよく示している。タウチ正月の行われる日時の変遷は、明らかに大正月へと移行する方向を示しているといえよう。

また、伊藤幹治は、日本本土の予祝儀礼が一月上旬から中旬にかけて集中的に行われていることに注目し、そうした予祝行事を稲作プロパーの行事と稲作＋畑作複合の行事という視点から、四つに分類している（伊藤、一九七四）。

①稲作プロパーの栽培過程のプラクチカルな模擬行為としての、田打ち・種蒔き・田植え・稲刈り・稲積み

②稲作＋畑作複合の象徴的な模擬行為としての「小正月の訪問者」や鳥追い、モグラ打ち、墨塗り、水かけ、害虫駆除など

③稲や畑作物の結実した姿を、削り花などで象徴化して、これを家で祀る神の前に飾り立てる「モノツクリ」と呼ばれる慣行

④稲作＋畑作複合を下敷きにした年占的要素としての粥占い、綱引き、弓射占い、鳥追いなどの慣行

この伊藤の分類を大正月と小正月に当てはめてみるなら、①の稲作プロパーの行事は主として大正月に行われるお田植えの神事に対応するものであるのに対し、②③④の稲作＋畑作複合の行事は多くが小正月の行事に対応していることがわかる。このことは、前述のように、大正月においては稲作に行事が特化してゆく傾向にあるのに対して、小正月はいわば特定の生業に特化することなく生業複合的な状態で作物全体の予祝のために行われていたことを示していると解釈される。

以上、検討してきたように、餅なし正月伝承とは、大正月において儀礼的に稲作により単一化された状態を崩すものであり、小正月における生業複合的性格と似た状態を作りだし、結果として大正月・小正月の垣根を取りはずすものであるといえる。こうした大正月の改変と小正月への志向という餅なし正月伝承の持つ性格は、正月が大正月と小正月とに分化していったときに生成されたものであり、その意義は大正月・小正月分化以前の状態に儀礼的に戻すことにあるといえる。

注

［1］たとえば、『栽培植物と農耕の起源』（中尾、一九六六）、『人間―人類学的研究―』（川喜田ほか、一九六六）、『稲作以前』（佐々木、一九七一）などが上げられる。

［2］こうした餅なし正月の伝承地の分布については、あえて明確な発言を避けていた坪井も、焼畑の分布と餅なし正月の伝承地の分布を重ねあわせて、焼畑の分布地には餅なし正月の伝承は分布しないことだけは認めている（坪井、一九八六ａ）。

［3］イモについてみてみると、長野県内の場合、餅なし正月において大きな意味を持つものは二種ある。ひとつが、サトイモであるが、それは、主に雑煮の具として松本平—佐久平ライン以南において用いられる。そして、もうひとつが、いわゆるヤマイモで、これは餅なし正月伝承地における餅の代用物として、主に擂り下ろしてイモ汁にして食される。ここでは、用語としては必要に応じて使い分けながらも、おおむねイモとして一括している。

そうした役割の違いが出てきている背景としては、作物の栽培限界との関係がある。松本平—佐久平ラインの北は、サトイモにとってはもはや冬越しの難しい栽培の限界地であるのに対して、ヤマイモの場合はまだ十分に栽培可能であり、かつ野生のヤマイモも自生していた。そのため、松本平—佐久平ラインの南においてはサトイモが餅なし正月伝承と深く関わるのに対して、ラインの北ではヤマイモがそうした役割を担うようになったと考えられる。

［4］埼玉県三郷市には、正月三が日の朝に雑煮にサトイモを入れて食べたり、またサトイモを神棚に供えるとするところは多い。しかし、家例としてサトイモを食べたり供えたりすることを禁忌する家もある（三郷市史編さん委員会、一九九一）。そうした家では煮たダイコンの輪切りを二つ供えるだけで、雑煮にもサトイモを入れない。この事例などは、「イモなし正月」とでもいえばよいのであろうか。こうした事例は、イモが日常の食物として重要視されている地域では、十分に予想されうるもの

である。

［5］門松については、為政者との関わりから論じた竹内弘明の興味深い報告（竹内、一九九二）がある。『鸚鵡籠中記』には元禄一一年一二月晦日の記事として、高価なため今年は門松を立てないこと、また世間でも一〇人に七～八人は立てていないことを記している。そうした町の風潮に対して、尾張藩では町触れを出し、城下では門松を立てることを命じている。為政者側が門松にこだわる姿がそこにはよく現れている。先の武蔵国小川村の事例と考え合わせると、公の考える正月には門松が重要な意味を持っていることがわかる。

［6］松の代用として正月飾りにされる草木のうち、柳は中信地方（松本盆地から木曾谷にかけて）に、豆は北信地方（長野盆地周辺）に多くみられるという分布上の特徴がある。

［7］大島建彦も、「『餅なし正月』に関する伝承では、正月のモチを食べるという前提をふまえながら、何かしらある特別な事情のために、あえてモチを食べないと伝えられていることに、いっそう重大な関心を向けなければならない」（大島、一九八九）と指摘している。まさに筆者と同様の視点から餅なし正月伝承の解読の必要性を説いている。

［8］第Ⅱ部第３章で注目する青菜もそうしたもののひとつである。埼玉県においては、青菜は商品作物として重要視され、餅・イモとともに家例を反映する雑煮の具となっている。

［9］日本文化の基層は本来多元的なものであり、それは異質な文化を担った複数の人間集団の接触・融合により形成されたという考え方（岡、一九五八）。基本的に坪井洋文の畑作文化論は、方法論的にはこうした先行研究の延長線上に位置づけられる。

〔10〕当初、坪井は、稲作と畑作の歴史的な前後関係について、餅なし正月の論を当てはめることには慎重な態度をとってきた（坪井、一九七九）。しかし、その後は明らかに、文化人類学や考古学の成果を援用しながら、餅なし正月を縄文・弥生時代にまで遡って解釈しようとした。

〔11〕水田稲作の持つ潜在力の象徴が、稲作による他生業の内部化であり、具体的には、水田二毛作・畦畔（畦豆）栽培・水田漁撈・水田養魚・水田狩猟といった水田を舞台にして営まれる他生業である（安室、一九九八）。

〔12〕山梨県内のウドン正月を分析した影山正美は、ウドン正月の伝承には、餅を積極的に忌避しようとする要素がみられない点をその特徴としてあげ、その上でウドン正月の分布的考察から、ウドン正月は稲作地帯の民俗であること、さらにウドン正月と水田二毛作との深い関係を読みとり、水田二毛作による小麦栽培こそがウドン正月を成立させた生産的基盤であるとした（影山、一九九五）。こうした水田稲作の日本における展開構造の中にウドン正月という民俗事象を読み解こうとする点は、まさに筆者の考え方と同調する。

〔13〕後には、坪井洋文も、餅なし正月伝承の発生と大正月・小正月の分化との関わりに関心を示した。しかし、坪井は「大正月を受容する以前においても、焼畑・畑作民が稲米栽培へ移行ないし強制を迫られたとき、『餅なし正月』の成立もありえたことと考えられる」（坪井、一九八九）とし、大正月と小正月の分化という比較的新しい時代の問題ではなく、餅なし正月伝承の起源を縄文・弥生にまで遡って考えることに固執した。

第２章　流行神と餅なし正月　餅なし正月の多面性①

１　読み解けない分布の存在

前章で検討してきたことをごく簡単にまとめると、餅なし正月を伝承するための必要条件つまり伝承地となるための民俗的基盤には二つの要件がある。ひとつは稲作の優越地であること、もうひとつは正月三が日の間、雑煮を食べる地域であることである。この二条件がそろったところに餅なし正月の伝承が分布する。ただし、これはあくまで必要条件であり、この二条件があれば必ず餅なし正月伝承がみられるというのではなく、この二条件を満たす地域に餅なし正月の伝承が点在するものである。

しかし、ここで注目したいことは、長野県には上記の解釈ではどうしても読み解けない餅なし正月伝承の分布がある点である。それは、四阿屋(あずまや)山麓に広がる餅なし正月伝承である。このことは、まさに餅なし正月伝承の多面性を示すものといえよう。

この問題については、比較的早くから田中磐により注目されてはいたが、十分な展開をみぬまま放置されてきた。その後、坪井洋文らによる餅なし正月研究の刺激を受けて、松本県が丘高等学校風土研究部歴史班によるアンケート調査を用いた広範な調査とそうした調査の組織者でもある田沢直人による詳細な地域調査がなされた。以下では、そうした先行研究に依拠しつつ、さらなる論の展開を試みることにする。

四阿屋山は、標高一三八七メートルあり、聖（ひじり）山・冠着（かむりき）山とともに筑北三山と呼ばれる。その一帯は比較的急傾斜の山間地をなしている。四阿屋山の山頂部には、四阿屋山神社があり、四阿屋権現が祀られている。

四阿屋山をとり巻く麻績（おみ）・坂北（さかきた）・本城・坂井の筑北四か村においては他地域に類をみないほど濃密に餅なし正月が伝承され、その伝説的説明

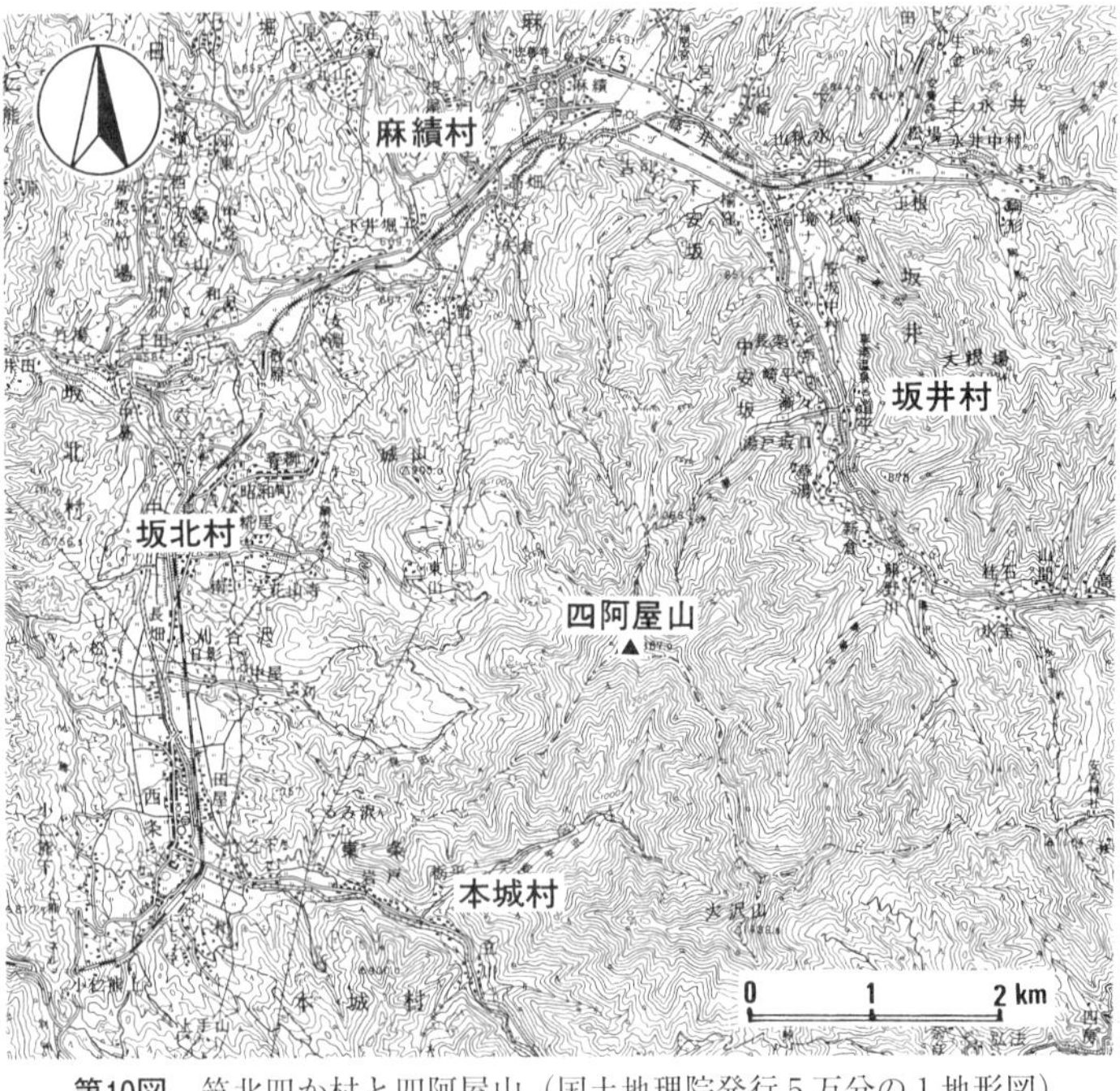

第10図　筑北四か村と四阿屋山（国土地理院発行５万分の１地形図）

四阿屋山を望む（長野県麻績村）

の多くが四阿屋山の信仰とかかわりを持つ。筑北四か村における総数四八〇通に及ぶ広範なアンケート調査（一九七六年実施）の結果、全体の六二・五パーセント、坂井村にいたっては実に八七・五パーセントの家で餅なし正月が伝承されていることがわかった（松本県が丘高等学校風土研究部歴史班、一九七五ａ）。

2　読み解けない理由

こうした筑北四か村における濃密な餅なし正月伝承の分布が、解釈できないひとつの理由として、第1章で論じた餅なし正月の分布地とは明らかに違う傾向を示すことがあげられる。長野県の場合、主として餅なし正月は長野盆地や松本盆地といった平坦地に多く分布するのに対して、この場合は第10図にあるように明らかに筑北の山間地（四阿屋山麓）を中心に分布が広がっている。

また、従来は餅なし正月の伝承母体は、家・一族・集落の単位で注目されてきたが、筑北の餅なし正月伝承の場合はそうした捉え方はできない。ある一定の共通する伝承の要素が、明らかに一族や集落といった範囲を越えてより広い分布を示している。筑北の一集落を全戸調査した田沢直人もやはり、この地域の餅なし正凡伝承は同族団によって維持されてきたものではないという結論に達している（田沢、一九八〇）。

つまり、この地域における餅なし正月伝承を支える伝承の基盤は、従来いわれているような、家や一族という単位ではなく、さらに集落の単位をも越えるものであるといえる。この場合、何をもって伝承の母体となりえるかと考えたとき、それは四阿屋山の信仰圏と一致するのではないかという推論が可能となる。

そして、解釈できない二つ目の理由として、餅なし正月に伴う伝説的説明の特異性をあげなければならない。この地域の餅なし伝説には、ある一定の共通する要素が存在する。田沢直人は、筑北地方で語られる餅なし正月のいわれを九つに類別している（田沢、一九八〇）。それをみると、いわれの存在する二四九例中一一九例が「元日に餅を食べると腹が痛くなる」というもので、七三例が「赤痢が流行ったとき、四阿屋権現に祈願して餅を断った」とするものであった。この二類型が飛び抜けて多いものであるが、このほかにも、ヤマトタケル、木曽義仲、武田信玄、修那羅様といった伝説上の神や歴史上の人物に関連して、下痢・腹痛のいわれを説くものが二四例ある。つまり、二四九例中二一六例が、この地方では、正月に餅を禁忌する理由に腹の病とのかかわりをあげている。[1]

いくつか例を上げると、本城村八木では、「元日に雑煮を食べると四阿屋権現の祭りで腹を病む」といい、また麻績村麻績本町では、「昔、村に赤痢がはやって死人がでたことがあったため、村の人々は腹の病気を治す神様である四阿屋権現に元旦は餅を食べないから治して下さいと願掛けした」とされる（長野県、一九九〇）。

3　餅なし正月伝承と流行神

以上みてきたように、餅なし正月伝承の分布が四阿屋山の信仰圏と一致すると考えられること、および餅なし正月に伴う伝説が腹の病と何らかの関係を持つ点で共通していることの二点からいって、ひとつの解釈として、四阿屋山麓の餅なし正月伝承については、四阿屋山における流行神（はやりがみ）とのかかわりを指摘することができる。

本来この地方では、四阿屋山の神性として腹の神以外にも、作の神・水の神・山の神・蚕神・雨乞いの神・安産の神といった多様な観念がある（松本県が丘高等学校風土研究部歴史班、一九七五a・b）。その中でもとくに、四阿屋山信仰の根源には水に対する信仰があると考えられる。水の神を介しての農業神であるといってよい。

そうしたことは、四阿屋山を含む筑北三山は、「聖山が曇ると雨になる」とか「四阿屋山にアマノガワと呼ぶ横の帯雲がたなびくと雨が降る」などといい、この地域において広く雨の天気予兆に使われる山であることをみてもわかる（長野県、一九九〇）。また、四阿屋山は湧水の多い山であり、筑北の四阿屋山神社の氏子はほとんどが四阿屋山水系に農業用水を頼る地域に居住しているのに対して、同じ筑北の村でも水源を四阿屋山とは別にするところは四阿屋山神社の氏子にはなっていないことをみてもわかる（松本県が丘高等学校風土研究部歴史班、一九七五b）。

田沢直人は、こうした調査をふまえ、水の神・作の神など多様な側面を持つ四阿屋山信仰を山岳信仰として捉え、原初的段階では腹の神という現世利益的信仰は伴ってはいなかったとし、一種の流行神として腹の神の信仰が後に形成・流布されたことを指摘している（田沢、一九八〇）。

四阿屋山が腹の神として流行神化する時期は特定できないが、歴史史料では、近世期まで遡ることができる（松本県が丘高等学校風土研究部歴史班、一九七七）。もっとも古いものとしては、史料性に疑問は残るものの、明暦三年（一六五七）の『四阿屋山大権現縁起』があげられる。それには、四阿屋山の神性として、すでに「諸作擁護」と並んで「疫痢悉除の神」があげられている。また、安政二年（一八五五）の『四阿屋山大権現夜燈建立奉賀帳』には、「遠国迄相聞候　腹一切之病難相遁候　守護神御座候」と記されている。

そうした後、腹の神（疫痢防除の神）として四阿屋山は筑北四か村以外にも四賀村・大岡村など近隣の村々に分社されていく。たとえば、大岡村上中山の四阿屋山の祠は、享保年間（一七一六〜三六）に赤痢がはやったとき麻績村の法善寺より分社してきたと伝承されている（松本県が丘高等学校風土研究部歴史班、一九七七）。

さらに信仰の輪は広がり、遠く長野市・松本市・美麻村といったところからも四阿屋山には参詣人が訪れて来るようになる。一例をあげれば、九月二八日に行われる四阿屋山の別当寺である法善寺の祭礼（通称「腹神祭」）には、現在（一九七五）も長野市田原（旧更北村）から代参人三人がやってきている（松本県が丘高等学校風土研究部歴史班、一九七五ｂ）。

四阿屋山別当寺の法善寺
（長野県麻績村）

そのように考えてくると、祈願に伴う断ち物との関係から餅なし正月を捉え直してみる必要がでてこよう。神仏に祈願するとき、茶断ちや酒断ちは一般によく行われるが、そのときわざわざ正月という日本人にとってもっとも儀礼度の高い時をとらえて断ち物をすることは多い。また、断つものは茶でも酒でもまた餅であってもよいわけで、祈願する人または家にとって重要なものであればあるほど祈願の効能は大きい。

つまり、河上一雄が食物禁忌の発生理由のひとつとして指摘（河上、一九六八）したように、この地域の餅なし正月もそうした断ち物による祈願の一形態と捉えることができよう。そのように、餅を断ち物のひとつとして考えれば、それは基本的に個人ないしは村共同の祈願であるため、この地域の餅なし正月伝承が他の地域と違って、家例として一族で伝承されないことの説明もつく。

赤痢など村の領域を越えるような広い範囲に及ぶ伝染病の蔓延を契機として、四阿屋山が腹の神として流行神化したとき、その祈願形態のひとつとして餅なし正月伝承が形成されたと考えることができるのではなかろうか。単純に考えれば、筑北三山の山麓という山間地であるからこそよけいに、それまで米の餅に対する希求の念が強くあり、そのことが山間住民をして断ち物の対象物に餅を選択させた理由のひとつにあると考えることができる。また、少し穿った見方をするなら、それまで餅に対する禁忌を持っていなかった筑北の人々は、長野盆地や松本盆地などの平坦部において伝承されていた餅なし正月の影響を受けて、祈願に伴う断ち物として餅を選択したと考えることもできよう。

また、筑北の人々が餅を断ち物に選択した背景のひとつと考えられるのが、四阿屋山への祈願における餅の重要視である。[2] 流行神に願掛けする際の供物は本来神供であり、そのためそうした供物は人が食べてはいけないものとされ食物禁忌と結びつきやすい（宮田、一九七二）。筑北の村々では、正月に限らず、四阿屋山に祈願するときには、かつてはヤキモチ（焼き餅）を持参して供えたというし、現在も三角に切った餅を御供として神前に供える（松本県が丘高等学校風土研究部歴史班、一九七七）。

そのように、御供として餅が重要視されていたからこそ、断ち物として餅が選択され、その説明原理として餅なし正月伝承が採用されたと考えることができる。

つまり、一言でいえば、筑北の四阿屋山麓における餅なし正月伝承の特異な分布は、流行神を媒介しての二次的な伝承の形成であると、ひとまず結論づけることができよう。

注

［1］腹の病とは、腹痛・下痢・赤痢のほか、難産など、腹に関係する病や苦痛をさす。

［2］四阿屋神社の大祭では御供として餅が重要視される。この祭に際し、坂井村の下安坂・中安坂・上安坂の三地区ではそれぞれ二〇〇個・二〇〇個・一〇〇個ずつ御供餅を作る。その御供餅を総代が持って四阿屋山へ登拝し、下山後にその餅を御札とともに矢倉（麻績村）や立川（本城村）などへ配ってまわることになっている（松本県が丘高等学校風土研究部歴史班、一九七五a）。

第3章　家例からみた餅なし正月　餅なし正月の多面性②

1　家例の視点の有用性

第Ⅰ部第1章において論じたように、元来は餅および雑煮は他家のものと交換したり人に振る舞ったりすることにより、自家と他家との違いを再認識し、結果として、自意識を高め、自家の存在を社会に表明する機能を持っていた。このような機能を持つにいたった背景には、雑煮が家例を反映しやすく、結果として家ごとに違うといってよいほどに多くのバリエーションを持ちえたことがあげられる。そうしたバリエーションの豊富さは、他家との違いを強調するために、家々により積極的に差異化が計られた結果であるといえる。

そう考えていくと、餅なし正月とはそうした餅使用（この場合は食としての雑煮）のバリエーションのひとつであり、家意識を高揚するためのひとつの仕掛けとして捉えることができる。つまり餅なし正月の伝承は、家例のひとつとして、年に一度、それも正月という日本人にとってもっとも儀礼度の高い時空間において、他家との違いを自他ともに意識化するものであるといえよう。

そうしたとき、千葉徳爾による指摘は大きな意味を持ってくる。千葉徳爾は餅なし正月伝承を中世以降に進行した同族団の解体を契機とした家々の差異化意識が生み出したものとして捉えようとした（千葉、一九七〇）。これは、餅なし正月伝承に限定せず、家例というレベルで捉えたとき実に妥当性のある考え方である。同族団の分解に伴う旧慣の保持という説明については今一度検討の余地があるが、自家と他家との差異化の意識を餅なし正月の必要条件として取り上げた点は高く評価すべきであろう。詳しくは本論で述べるが、そうした餅なし正月伝承の持つ家意識の高揚の機能は、同族内の本分家関係をめぐる出来事を契機にして、よりいっそう明瞭なものになるからである。

よって、餅なし正月の分析において家例の視点は欠くことのできないものとなる。餅なし正月は、家例の一表現形態として位置づけることができるのである。

家例については、第Ⅰ部第２章で示したとおりであるが、ひとまずここでは坪井洋文の定義に従い、「ムラ次元の民間伝承世界において、特定の家族、同族に限って超世代的に担っているところの民間伝承の一部」とする。それは坪井が指摘するように「儀礼的側面だけでなく、生活様式全体、各々の家族や同族の持つムラ社会での世界観的位置づけともかかわってくる問題」である[1]。筆者も基本的にそうした考えを支持する。

ただし、家例は、餅なし正月伝承における餅の扱いのように、特定のものを「用いない」というかたちでのみ表現されるものではなく、イモや青菜のように、とくに「用いる（べき）」ものというかたちで現れることも多い。坪井も含めこれまでの研究者の目は、餅なし正月伝承に代表される、いわば禁忌としての家例にしか向けられてこなかったといってよい。

そう考えると、家例の一表現形態である餅なし正月とは、餅を「用いない（食べない）」という見方だけでなく、餅よりも先にソバやイモを「用いる（食べる）」という見方も可能になるわけである。むしろ、その方が餅なし正月伝承の本質に近いのではなかろうか。

ここでは、家例を禁忌表現だけにこだわることなく捉え直し、その上で家例からみて餅なし正月伝承の果たした役割・機能を検討することにする。具体的には、同族の中の本分家関係をめぐる出来事（「兵隊養子」と「親隠居」）に注目してみていくことにしよう。

あくまで筆者は、第Ⅱ部第1章で論じたように餅なし正月伝承は正月の持つ複合的性格にその発生の根本があると考えるが、この章の位置づけとしては、餅なし正月を伝承する側の論理に立ち、そうした伝承の果たした民俗社会における機能を明らかにすることにある。それは、人々が餅なし正月伝承を意識的に維持していこうとするときの原動力がどこにあるのかを知ることでもある。

2　生計活動と家例―三郷における家例の概観―

ここで調査対象として取り上げるのは、埼玉県三郷市H村（旧八木郷村）のN家とK家である。昭和二〇年代（一九四〇年代後半）以降に時間軸を設定して調査した。

三郷市H村は、関東平野を南流する江戸川の最下流部に位置し、ちょうどその流れに堤防ひとつを隔てて接している。そのため、土地は全般に低平で、古来から大水に悩まされてきた。そうした低平地には水田が広がり、耕地の約八〇パーセントを占めるいわゆる水田稲作地となっている。水田の多くは二郷半用水の末流に当たる秀典堀により灌漑される。

そのH村に四代続くN家は、Nイットウ（同族）[2]の本家に当たる。それに対して、K家はH村において一〇代以上続く旧家で、Kイットウの本家に当たる。詳細は後に述べるが、N家とK家との関係は、名字が違うことをみてもわかるように、シンセキ（親戚）ではあるが、イットウ（同族）ではない。

次に、N家を例に取り、生計活動と家例との関係を概観してみよう。N家は水田一町一反（一・一ヘクタール）と畑五反（〇・五ヘクタール）を所有している。主作物は米であるが、畑ではクイリョウ（自家消費作物）となるサトイモのほかに、商品作物として蔬菜類も栽培していた。

このあたりの水田は、排水の極端に悪い湿田も少ない代わりに、乾田になるほど排水も良くない。そのため、水田二毛作によるムギ栽培は遅れ、それが普及したのは第二次大戦後になってからである。しかし、そのぶん畑地はサトイモや葉もの野菜の栽培には適していたとされる。

とくに湿地を好むサトイモには適しており、このあたりでは単にイモといえばそれはサトイモのことを指している。大水の出やすいこのあたりでは、大水にあって他の作物がことごとく不稔になったときでもイモだけは収穫することができたとされる。そうしたサトイモはクイリョウとして、とくにいざというときの救荒食料として、この地域で暮らしていくには欠くことのできない作物であった。ただし、サトイモはあくまでその家のクイリョウであった。あまり多く作付けしても、気温が低くなると腐ってしまうため大量には冬越しできない。一年間に栽培する量は、収穫期の晩夏から冬にかけて、その家で食料とする分と種芋として残す分を合わせた程度である。N家の場合、サトイモを作るための畑は毎年一五坪（五〇平方メートル）程度である。

そして、N家にとって生計維持の上で、とくに現金収入源として重要な意味を持っていたのが、蔬菜栽培である。東京の近郊に位置するため、比較的早くから都市部へ出荷することを目的とした商品作物栽培が行われていた。そうした蔬菜類には、コマツナ・ネギ・カブ・シロウリ・キュウリ・ナスなどがあり、オイシタカブ（金町小蕪）や亀戸大根のように東京市場において三郷の特産物になっているものもあった。N家ではそうした蔬菜類を牛車（昭和二八年まで使用）を使って、東京の神田や江東の市場まで自ら出荷していた。

前記三つの産物についていうと、稲つまり米が自家消費プラス現金収入の面、イモが自家消費の面、青菜が現金収入の面において、それぞれこの地域を代表する作物であるといえる。注目すべきは、生計維持の上でもっとも重要な三つの作物（稲・イモ・青菜）が、H村を含む三郷地域においては、正月の家例を示す要素としてとくに重要な意味を持つことである。

3　盆と正月の家例—N家の餅なし正月—

(1)　N家における盆の家例

N家では、「ご先祖さん」は八月一三日に迎えて一六日に送ることになっている。一三日には「仏さん」(仏壇)に供えるために餅搗きをする。この餅で、オソナエ(丸餅二段重ね)とアンコロモチを作る。夏の餅は猫も食わないといい、またオソナエはすぐに黴が生えてしまって処置に困るが、それでも毎年餅を搗きオソナエを上げている。

盆の中日(一五日または一四日)には、N家ではサトイモのミソシル(味噌汁)を作って仏さんに上げることになっている。盆のイモのミソシルはN家にとってはK家から伝わる特別なしきたり、つまり家例であるとされる。現在でも盆には必ず作って仏さんに上げている。

この時期はまだサトイモは小さな子芋ばかりである。そうした子芋を親芋と一緒に畑から掘り取ってくる。イモは洗ってから皮を剝き、親芋はいくつかに切り、子芋は小さいものはそのまま、多少大きいものは二つに割って汁の中へ入れて煮る。

このときのミソシルは日常作るものと何ら変わりのないものであるが、仏さんには汁自体を上げることはない。ミソシルの中からイモだけを掬い取り、カワラケ(盆専用の素焼きの皿)にひとつずつ載せて供える。仏さんの膳には、イモの皿のほか、飯とうどんの二皿とお茶が並べられる。
盆の膳はヒラオゼン（脚のない四角い膳）で、漆塗りの高坏が一対ついており、片方に果物、もう片方にオソナエを上げる。床の間の脇に盆の膳をこしらえ、笹などで飾りつけをする。この他、盆には出始めの果物など珍しいものを上げる。そうして、ご先祖さんに上げたものは家族も食べる。

(2) N家における正月の家例—餅なし正月—

N家では、家例として、元日の朝は雑煮を食べず、焼きむすびとサトイモのオスマシを食べることになっている。こうしたことについては、特別な言い伝えはない。やはりK家から続くしきたりであるとされる。焼きむすびは一年に一度しか作らないが、美味しいものだという。そして、続く昼と夜も飯を食べ、結局、元日は終日餅を食べることはない。

面白いことに、N家では、元日に雑煮を食べない代わりに、前日（つまり大晦日）の朝に雑煮を食べてしまう。次に、雑煮を食べるのは一月二日で、その後は四日まで毎朝食べる。つまりN家では、雑煮は餅なし正月の元日を挟んで、一二月三一日・一月二日・三日・四日のそれぞれ朝に食べていることになる。

大晦日に雑煮を食べると、その日のうちに、元日に食べるおむすびを握っておく。それを元日の朝にホウロク（焙烙）の上で焼いて食べる。このおむすびは三角ではなく丸く作る。そうしたおむすびを元日の朝には一人が三個ずつ食べる。家族のものは必ず食べなくてはならないとされる。そのとき、サトイモのオスマシも一緒に食べることになっている。

このオスマシは、味噌汁から作る。熱い汁の中に味噌を擂って入れ、少し置いておくと、汁の中に味噌粕が沈んで上澄みができる。その澄んだ部分だけをすくい取ったものがオスマシである。サトイモのオスマシ同様、雑煮もこのオスマシで作った。

雑煮の具は餅の他はサトイモだけである。大晦日に食べる雑煮にもサトイモを入れる。雑煮に入れるサトイモは煮染めのそれとは違う。わざわざ雑煮の具として煮たものである。

つまり、Ｎ家の雑煮はオスマシの中に焼いた餅とサトイモを入れたものであるが、元日に食べるサトイモのオスマシは、雑煮から餅を取り去ったものとまったく同じである。

また、Ｎ家では、正月七日まではナッパ（コマツナ）を食べてはいけない。七草を終えてはじめて青菜類を食べてもよいとされる。三郷では雑煮にコマツナを入れる家が多いが、Ｎ家では、そうした理由から雑煮にはいっさい青菜の類は入れない。

Ｎ家では正月の餅は一二月三〇日に搗く。臼で搗いた餅はオソナエ以外はすぐに伸し餅にする。雑煮の餅はその伸し餅を四角く切ったものである。雑煮餅の形はこの辺はみな同じである。ただし、村の中には餅を焼かずに雑煮の汁に入れる家もあるが、Ｎ家では必ず焼いてから入れる。また、村の中には正月三が日だけは男性が料理の支度をするところもあるが、Ｎ家では正月の料理の支度は普段と同じくすべて女性が行う。

なお、こうした正月や盆の家例はN家から出た三軒の分家では行われていないという。また、N家の現当主は現在K家の分家とは付き合いがないため、そうした家例がK家の分家に受け継がれているかどうかは知らないという。

4　「兵隊養子」と家例

(1)　N家とK家の関係

先に見てきたように、餅なし正月伝承をはじめとするN家の正月や盆の家例はことごとく同じH村に住むKイットウの家例を受け継いだものであるとされる。しかし、考えてみると、K家とN家とは、家系の古さはもちろんのこと、イットウ（同族）を別にする家柄であり、さらにいえばともにそれぞれのイットウを代表する本家に当たっている。でありながら、N家にはなぜKイットウの家例が継承されているのであろうか。

H村ではK家は、一九九五年現在において一〇代以上続く旧家と認識されている。それに対して、N家は、筆者のような事情を知らない村の外部の人間にしてみれば、明治になってからH村にやってきた新参のイットウである。それでいながら、一見新参にみえるN家は旧家と認識されるK家に対して大本家に当たることを主張し、かつまたその表れとしてKイットウに伝わる家例を遵守しようとする。それには、ひとつの大きな理由がある。

埼玉県三郷市H村のN家は現当主から数えて三代前（曾祖父の代）の時に、K本家から養子に出たものである。つまり、N家とK家とはイットウは別にしているが、もとはひとつの家であり、現在でもシンセキ（親戚）関係にある。

そうした親族関係にありながら、N家の現当主の認識はそれとは大きく異なる。N家の現当主は、N家はN姓としては四代しか続いていないが、それ以前はK姓として七代以上続く家柄であると自認し、その上で、N家とK家とはひと続きの家系であること、および現在のK家は自分たちの流れから すると傍流にすぎないことを主張する。

そうした状況の中、K家やその分家において家例が簡略化されたり、または忘れられていく中にあって、表面上はイットウを別にするN家において、Kイットウ伝来とされる家例が守り続けられている。三郷では一般に、「シンセキは三代で切れる」（三郷市史編さん委員会、一九九一）といわれており、そうしたときN家とK家とはシンセキ関係でもなくなりつつある。にもかかわらず、こうしたN家の家例継承の行為はたいへんに興味深い。

では、なぜイットウの違う本家同士の間で同じ家例が継承され、かつ養子に出た先（N家）において、より強い意識を持って元の本家（K家）の家例が継承されていっているのか、もう少し詳しく検討してみよう。

一言でいえば、先に正月および盆行事においてみたように、K家から続くとされる家例がN家に受け継がれるに当たっては、明治時代前期、本分家関係を揺るがすひとつの大きな社会的出来事があった。それが「兵隊養子」[3]である。

(2)「兵隊養子」のからくり──N家の実体──

もともとNの姓を名乗ったのは徴兵逃れのためであるという。明治前期のことである。当時の徴兵令には嗣子（跡取り）の免役などいくつかの免役条項があり、次三男であっても養子にでて家長となることで徴兵を免れることができた。そのため、三郷でも子供のいない家に養子として入ることが頻繁に行われたという。その養子縁組には、金銭のやり取りが伴うのが普通であった[4]。そうした徴兵逃れのための養子縁組を三郷では兵隊養子と呼んでいる。N家もそのひとつである。

そうした理由から、N家現当主の曾祖父（四代前のK家当主の弟）は、縁もゆかりもない東京本所のN家と養子縁組をし、形ばかりのN家の家長となった。当然、その後もN家現当主の曾祖父はH村に住み続け、現在にいたっている。N姓はあくまで金で買ったものだとされ、養子縁組後はたとえ義理とはいえ親子関係になったにもかかわらず東京本所の養父母とはなんら付き合いをしていない。

そのため、養子縁組後一〇〇年以上経過し現在にいたっても、N家の当主からすれば、同族としてのアイデンティティーはあくまでKイットウにある。

そして、この場合、もうひとつN家とK家との関係を複雑にする出来事があった。それは、せっかく兵隊養子までして、次男（H村のN家初代）をN家の家長としたにもかかわらず、結局のところ本家本元のK本家の家長であった長男（N家初代の兄）が子供がないまま死んでしまったのである。そのためK本家は絶家しかねない状況に陥り、こんどは逆にN家から養子というかたちでN家初代の子（次男）をK家に戻した。つまりこの養子縁組により、K家とN家において、兄と弟の関係が逆転してしまったことになる。

だからこそ、N家の現当主は、N家がいわばKイットウの本家でもあると主張するのである。外からみると、N家とK家はともに本家に当たる家柄であり、それぞれに分家を持っている別のイットウである。にもかかわらず、N家にKイットウの家例が受け継がれているのは、N家が意図的にK家の家例を継承しようとしたからにほかならない。

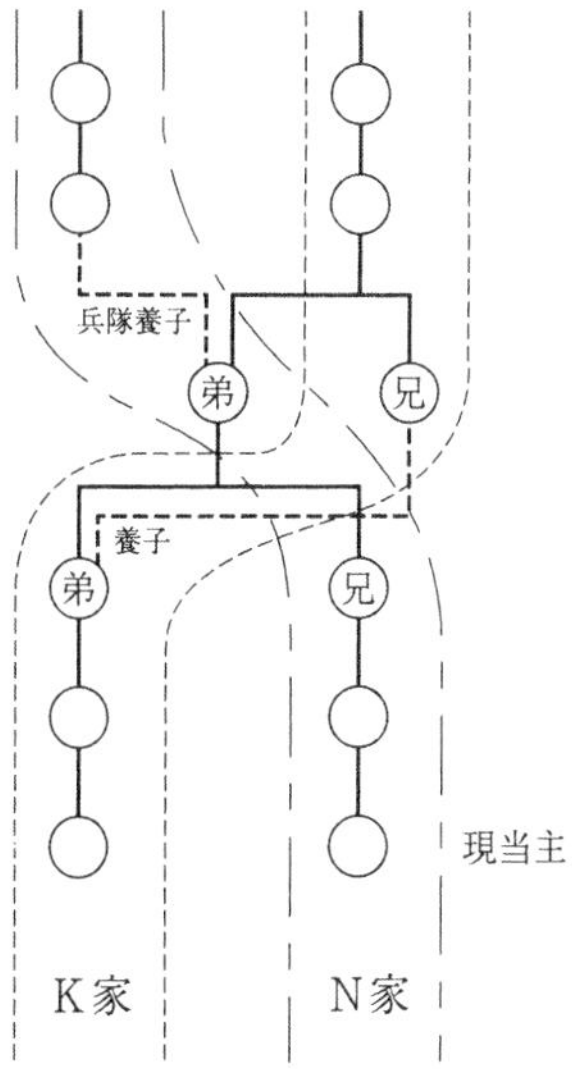

H村のN家にしてみればN姓はあくまで金で買ったものであり、形式上の養子縁組関係にすぎない東京本所の養父母とH村のN家初代（現当主の曾祖父）とは、養子縁組後も何ら実質的な付き合いはない。当然、東京本所のN家は血筋が途絶えるし、N家

第11図　K家とN家の系譜関係

にそれまで伝えられてきたいっさいの伝承は受け継がれることはない。そうしたとき、H村のN家初代が意図的に受け継ぎ次代へ伝承してきたのがKイットウの家例であったといえる。

また、注意しなくてはならない点は、兵隊養子以来一〇〇年以上が経過し、世代の交代とともに、N家側のそうした意識はよりいっそう強まっていることである。逆に、K家の方では代替わりが進むことで、兵隊養子やその後の両家間での養子縁組の経緯は忘れ去られようとしている。N家の現当主がいうところでは、現在K本家では、先に示したような餅なし正月などの家例が忠実に守られているかどうかはわからない。つまり、確実にK本家とN家との付き合いは解消の方向へと向かっているなか、N家の意識としてはKイットウとしての家例を守っているのはむしろN家の方だという強い思がある。

5　家例継承の背景

(1)「兵隊養子」を生み出した背景

①「兵隊養子」を可能ならしめた都市近郊という立地

兵隊養子は都市（東京）に近い三郷ではかつて頻繁に行われたという。極端な話としては、養子となるために身寄りのない都市浮浪者からも姓（戸籍）を買ったといわれる。生まれ故郷の村社会とは切り離されて存在する浮浪者や単身者また子のない夫婦といった人々が多く居住する都市が、近くに存在したからこそ兵隊養子が比較的容易にできたといえる。兵隊養子自体は明治初期には農村・都市を問わず各地にみられた現象であるが、三郷のように一定地域内に多数の兵隊養子が可能となったのは、やはり姓（戸籍）を金で売ることをいとわない都市民の存在を抜きにしては考えられない。

さまざまな家例の発達をみてもわかるように、家意識の強い農村部である三郷と、そうした家意識のしがらみに囚われない人々が多く居住する都市とが、地理的に近接し、かつまた商品作物の売買を通して日頃から交渉のあったことが、兵隊養子の背景として大きな意味を持つのである。また、三郷のような都市近郊農村では商品作物栽培が早くから発達したため比較的豊富な現金収入があったことも、詰まるところ金で姓（戸籍）を買う行為である兵隊養子を可能ならしめたひとつの重要な前提条件となっていた。

そう考えると、兵隊養子をＮ家の特殊な事例として片付けてしまうわけにはいかない（三郷市史編さん委員会、一九九七）。都市に近いがために可能になった兵隊養子という一種の社会現象が、少なくともこうした地域においては、時の流れに風化しつつあった家例が再び意識化され、積極性をもって継承されていく上で大きな意味を持っていたのである。その家例のうちＮ家においては餅なし正月伝承が大きな位置を占めていたことはいうまでもない。

②「兵隊養子」を生み出した近代前期という時代背景

兵隊養子の消長には、近代前期という時代が大きく作用している。近代前期は、いわばそれまでの士農工商の原則が崩れ、国民皆兵化が進められた時代である。その象徴が徴兵令である。聞き取り調査の折り、第二次大戦前の話を聞くと、必ずといってよいほどに徴兵検査が村の生活における、また人の一生における一大事としてさまざまな文脈の中に語られる。それほど大きな意味を徴兵という政策は近代において持っていたといえよう。

菊池邦作によれば、当時、兵隊養子は、「合法的脱法徴兵忌避の花形」とされ、兵隊養子による徴兵逃れの数は、明治九年（一八七六）から同一五年（一八八二）までの累計で約九〇万人に達したとされる（菊池、一九七七）。わずか一〇年ほどの間に九〇万人もの兵隊養子による徴兵忌避者が現れたことは、当然、軍事の近代化（西欧化）を急務としていた日本にとっては大きな社会問題となっていた。[5]

一言でいってしまえば、兵隊養子は、明治前期に次三男の徴兵逃れのために考案された民俗である。事実、明治一六年（一八八三）に徴兵令が改正されるまでの約一〇年間は、養子に出すことで形の上で家長となった次三男は徴兵を逃れることができた。三郷のような都市近郊農村部においては商品作物の蔬菜栽培とその販売に多くの労力を必要とすることから、兵隊養子を生み出した直接的な目的として、家の労働力の確保をあげることができよう。また、当然、子を思う親の愛というものも、その大きな要因に違いない。

そうした背景には、明治憲法のもと進められた家父長制をもとにした家意識の高揚と、都市部で急速に進んだ家意識の変化つまりは柳田のいう「家永続の願い」（柳田、一九三〇）というものを持たない階層の出現という、いわば近代前期における家意識をめぐる都市と農村のアンバランスな関係があるといえる。

(2)「親隠居」の事例

こうしたいわば本分家関係の混乱が家例の継承に与えた影響例は、兵隊養子だけではない。三郷市で調査した事例としてオヤインキョ（親隠居）を次にあげてみよう。兵隊養子をめぐる問題はいわばひとつの同族が二つに分裂するときに生起した問題であるのに対して、親隠居はひとつの同族内部において本家と分家の間に起こった問題であるといえる。

三郷市I村（旧彦成村）のY家は、正月の家例として、一月七日の七草まで青物を食べてはいけないとされ、正月三が日、朝食べる雑煮にはコマツナなどの青菜をいっさい入れない。このあたりでは一般的な雑煮は、青菜を入れたナゾウニ（菜雑煮）である。それに対して、Y家の雑煮には、サトイモとダイコン・鶏肉を入れる。Y家ではダイコンは青物には入らないとされる。

このほか、Yイットウに伝わる家例としては、ハトを飼ってはならないとする言い伝えがある。Y姓は現在も茨城県千代田村に多くあり[6]、もともとそのあたりがI村におけるYイットウの出自であるとされる。そこにいたのが藤堂高虎であり、それがYイットウの一番の祖先であるという。あるとき、藤堂高虎が敵に追われて隠れていると、そこに本来なら用心深いはずのハトが飛んできてとまった。敵はハトを見て、そこには人はいないと思い、他所へ行ってしまう。ハトのおかげで、危うく難を逃れることができたため、その後Yイットウではハトを大切に思い飼わなくなったのだという。

このI村のY家は、もともとオヤインキョ（親隠居）である。このあたりでは、親隠居とは、親が子の子つまり孫を子にして、先祖の位牌や土地を持ってインキョ（分家）にでることをいう。Y家の場合も、そうして本家の所有したもっとも良い土地をすべて持ってI村に分家して出て来た。そのため、現在でも、Y家は本来なら分家であるにもかかわらず、本家と同格の意識を強く持つ。本家はI村から少し離れたところにあるため、よけいにそうした意識が強い。Y家の現当主は、本家の過去帳とY家のものとが記載内容がまったく同じであるのは、Y家が本家と同格であるからだと説明する。

この本家も七草までは青物を食べないという家例を守っている。ハトの言い伝えはYイットウに共通するものであるが、七草まで青物を食べないとする家例を現在まで伝えている分家は、Y家以外にはないという。Y家以外の分家では、このあたりに一般的な青菜を入れた雑煮であるところが多い。

こうした七草まで青物を食べないとかハトを飼ってはならないといった家例はとくに本家に強く意識され守られてきたものであると考えられるが、親隠居の家でもやはりそれは同様である。I村のY家は形式的には分家にすぎないが、もともとは親隠居したものであり、本家と同等以上の財産と意識を持っていたとされる。このことは、本家と寺の過去帳を同じくしていることからも説明されるが、そうした本家と同等という意識と形式的には分家にすぎないという意識とのギャップが、Ｉ村のＹ家をして家例を現代にまで維持させる源となったといえよう。

また、もうひとついえることは、親隠居の場合も、近代という時代背景と大きく関わることである。親隠居という民俗慣行が地域社会やイットウ内部において容認される時代にあっては、こうした問題はとくには表面化しなかったのではなかろうか。それが、近代になり明治憲法下において、家父長制が進められ、公式には長男ひとりに家や財産が受け継がれる体制が作り上げられていったが、そうしたとき親隠居という民俗慣行は本分家関係を混乱させる要因となってしまったと考えられる。そのため、親隠居した家側に、より強い家意識と本家への対抗心を芽生えさせ、結果として、そのことが家例継承の強い推進力となったと考えられる。

6　餅なし正月にみる家例継承の意義

(1)　餅なし正月伝承の機能

①餅なし正月伝承の果たす二つの役割

兵隊養子の事例に注目してみると、Ｎ家における餅なし正月伝承には、同族内および地域社会に対して果たす二つの役割があることがわかる。

ひとつは、K家とのつながり、つまり同族意識を維持する役目である。N家は四代続く本家ではあるが、K家とのつながりからすれば、N家はK家に対してもやはり本家の意識を強く持っている。だからこそ、N家側の意識の中に、K家から引き継いで餅なし正月を伝承する意義があると考えられるのである。

時代とともに、同族内部の家が独立性を強めようとするとき、とくに兵隊養子のように外面的にはイットウを異にするようになってしまったときはなおさらのこと、同族内の家のつながりを自覚させ、結果、同族内部の結束を維持する役目が、餅なし正月をはじめとする家例の伝承にはあるといえる。

また、世代交代に従い、兵隊養子の記憶つまりN家とK家をつなぐ事情が、周りの人々から忘れ去られようとするとき、他家・他イットウからみれば、当然N家とK家とは別の家・別のイットウにみられるようになる。そんなとき、N家がK家と同じ家例を有することで、N家とK家とは本来は同族であることを外部に向かって示すことができるといえる。

そして、もうひとつは、N家が村内における旧家としての家格を維持する役目である。世代交代による兵隊養子の記憶の風化に伴い、N家はH村においてはわずか四代前にやってきた新参者としての位置づけしか残らなくなってしまう。H村という地域社会において、K家が形の上では一〇代以上続く旧家であり続けるのに対して、N家は新参者の位置づけしか与えられなくなってしまう。そんなとき、兵隊養子の事情を他のイットウ・他の家の人たちに思い出させ、自分の家が四代しか続いていない単なる新参者ではないということ、そしてK家の家例を本当に受け継いでいるのはむしろN家の方であり、N家こそK家の本流であるということを、地域社会にアピールする役割を餅なし正月を含む家例の伝承は果たしているということができる。

先に上げた第一の機能は、兵隊養子としていったん外にでたN家が、意識の上ではKイットウに属するものであることをイットウの内外に示すものであったのに対して、第二の機能は、自家は新参者ではないということをイットウの外つまりは地域社会に向かって強く表明するものであったといえる。

②餅なし正月伝承の持つ二面性—帰属意識と対抗心—

上記のような餅なし正月を含む家例伝承の果たした役割には、相反する二つの側面がある。第一の役割にみられるように、養子に出た当初こそN家をKイットウにとどめ、イットウ内部の結束を図ることに役立つものであったと考えられるが、反面においては、N家こそK家の本流であるということをKイットウおよび地域社会に向かって示すことにもなった。とくに、兵隊養子後にN家からK家に子を戻したことも相まって、そうしたK家に対するN家の対抗意識はさらに進み優越意識へと変化したと考えられる。

N家からすれば、KイットウはK家のもとに結束するのではなく、あくまでN家がKイットウを代表すべきであるという考えである。それは、結局のところKイットウの結束を図ることとは違う方向に進んで行ったことを物語っている。N家現当主の言葉にもあるように、イットウ内部の付き合いは確実に浅いものになってきている。K家とN家の付き合いが薄れていくとともに、本来なら姓こそ違え同じ分家同士であるK家の分家とN家との付き合いは現在ほとんどなくなってしまったという。現在は、餅なし正月などの家例を伝承することで、N家側にかろうじてKイットウとの同族意識が残るものの、相対的には時代の推移とともにKイットウとNイットウとは袂を完全に分かちつつあるといえよう。

三郷市の調査では、家例が本家またはそれに準じる家に多かったことから考えて、家例は、本来は同族の独自性を説く伝承つまりは他の同族との違いを示すものであったと考えられる。しかし、それが、兵隊養子など本分家関係に一種の混乱をきたす出来事や本家と同等の経済力を持つ分家の台頭などにより、同族の中において本家と一部の分家との関係にはほころびが生じることになった。

その結果、家例を伝承する意義としては、同族内における家々の共通性を強調する面が弱まり、反対に同族内部において家ごとの独自性を強調するようになってきたと考えられる。都市近郊に位置するがため、いち早く商品作物栽培を展開し、現金収入を得るようになったこの地域では、そうした傾向はいっそう強かったものと考えられる。先に述べたように、商品作物を象徴する青菜がこうした地域では家例伝承を構成する要素として重要な意味を持っていたことからも、そうしたことがうかがえる。

そうした三郷においては、餅なし正月をはじめとする家例伝承は、同族意識を強調し他同族との違いを際立たせるためのものと、同族内にあっても家ごとの独自性を示すものとが、混在しているのが現状であるといえよう。言い換えれば、本家からの伝承として受け継がれていく家例がある一方、兵隊養子のような出来事を通して、その家自身が同族の中で独自性を示す家例も必要になってきており、それらが同時に存在することになったといえよう。そこに見て取れる意識は、同族への帰属意識と、同族内の本家に対する対抗意識という相反する感情であるといえよう。

（２）　家例伝承の源泉

こうしてみると、兵隊養子にしろ親隠居にしろ、本分家関係における一種の混乱は、家例を再認識させる機会でもあるわけで、こうした混乱が起こるたびに、古くからの家例は再認識され、また伝承として更新されていくことになる。家例の細かな点をみていくと、本家ではすでに行われていないことが、兵隊養子に出た先ではいまだに続けられていたりするのはそのためである。また、反対にみれば、餅なし正月に代表されるような家例が存在するからこそ、本分家関係の混乱を乗り越えて同族の結束が図られているということもできる。とくに正月や盆といった一年でもっとも儀礼度が高く、かつ先祖供養に結びつく時空間に、そうした家例としての伝承がわざわざ設定されているのはそのためであるといえる。

また、こうした事例からいえることとして、ひとつ注目したいのは、兵隊養子にしろ親隠居にしろ、分家した側が抱く本家に対する強烈な対抗意識である。形式的には本家は存在しても実質は我が家こそ本家であるという一種の優越感が、家例の伝承を兵隊養子や親隠居に出た側に、より鮮明に意識させる結果となっている点である。

おそらく餅なし正月伝承をはじめとする家例は、そうした本家・分家間の意識の葛藤の中に維持されてきたと考えられる。そうしたとき、先に示した千葉徳爾の同族団の分解と餅なし正月伝承の関係に関する指摘は重要である。その指摘は、千葉の目論見とは違い、必ずしも餅なし正月伝承そのものの起源を説明するものとはなっていないが、それは餅なし正月伝承をある家に継承させたり、また更新させたりするのに大きな意味を持っていた。

また、家例は我が家・同族と他の家・同族との間の家格意識の生み出したもの（宇田、一九九二a）とばかりはいい切れず、一方では同族内部における本分家関係の混乱がそうした家例を維持する上で大きな意味を持ち、また新たな家例の発生と拡散の源となりえたといえよう。そうしたことからいえば、兵隊養子および親隠居の事例では十分には確かめられなかったが、こうした出来事を契機にして、本家とは違う新たな家例が生み出されることもありえると考える。家例は、なにも旧慣が維持されているだけの、または旧慣が残存しているだけのものではない。

そうしたとき注目されるのは、村外分家に伴う家例の事例である（宇田、一九九二b）。村外分家の家に伝わる家例の中には、本家にはないものが付加されている場合がある。そうしたことから考えると、家例は同族への帰属意識からだけ生み出されるのではなく、同族の元を離れて新たに入った地域社会の中で、他家への対抗意識の結果生み出される場合のあることがわかる。

また、餅なし正月を伝承する家が大半を占める集落に移り住んできた新参の家において、餅なし正月が家例として受容されるようになった例（近藤、一九九三）があることを考えると、村への精神的な帰属意識を形成する上で餅なし正月伝承は重要な意味を持っていたことがわかる。この場合は、移住前に持っていた家例が、移住に伴い、新たなものへと転換していく場合のあることも示しているわけで、都丸十九一が指摘するように、家例とはいうものの村に規定される部分の大きいこと（都丸、一九八六）を示しているといえよう。

村外分家などによる他村への移住者にとって、もとの家例が改変されたり、古い家例が新しいものに転換したり、またまったく新たに家例が受容されたりすることは、つまるところ、移り住んだ新たな地域社会への適応を果たすためのものであったということができよう。

兵隊養子や親隠居のような本分家関係の混乱というのは、非常に特異な例のようにみえるかも知れないが、じつは戦乱など社会の変動期には往々にして起こりうることであった。とくに近代の社会というのは、対外的なものだけを取り上げても日清・日露・第一次大戦・第二次大戦とほぼ一世代に一度の割合で戦争を体験した時代であったといえる。兵隊養子が、三郷にだけ存在した特異なことではなく、日本の各地で大きな社会問題となるほど頻繁に行われていたことは前述の通りである。また、それほど社会全体にとって大きな出来事でなくとも、同族や家族の中に放蕩者ややくざ者がでたり早世するものや子供に恵まれないといった、いわば個人的な不幸というのは多々みられることであろう。そうした社会変動や家内・同族内の小さな出来事や不幸が引き金になって、家例が伝承力を更新したり、または新たな家例を生み出したり、はたまた家例がその存在意義をなくし消滅するということも起こりえたであろう。[7]

また、そうしたことを中世における同族団の解体（千葉、一九七〇）というように時間を特定してただ一度の出来事としてしまうのではなく、むしろ代々続く本分家関係の中においては、何度となく繰り返されることであると認識する必要があろう。ここに示した兵隊養子や親隠居のような本分家関係の混乱が生じる可能性は絶えずあるわけで、そうして繰り返される家・同族内の小さな出来事や社会変動というものが、消長を繰り返しながら現代にまで伝えられる家例の伝承力の基盤のひとつになっていたと考えられる。

(3)　家例としての餅なし正月伝承の持つイメージ

家例という見方をするなら、餅なし正月伝承において、なにもイモにばかり過敏になる必要はなかろう。雑煮の具に注目するなら、餅なし正月の家例はさまざまな変異をみせる。雑煮にとって、餅を入れるか否かということはたしかに大きな問題となるが、そのほかの具については、本章で注目した青菜の有無も家例を構成する重要な要素となる。

また、仮に餅なし正月伝承に論を絞っても、餅の代用には少なからず飯や焼き餅といった米の調製品が用いられるわけで、「稲作 対 畑作」という単純な図式ではそうした餅なし正月伝承は読み解けない（宇田、一九九二a）。ここに示したN家の場合も、正月の雑煮餅の代わりに食されるのは焼きむすびである。

「稲作 対 畑作」という図式のもと描かれた餅なし正月伝承の持つイメージは、血や死と結びつけて解釈される（坪井、一九七九）ことが多く、それは抑圧された負のイメージに固化されてしまった。それは、メジャーな稲作（文化）に虐げられたマイナーな畑作（文化）という役柄を演出するための一種の読み替えであったといわざるをえない。しかし、家例の視点に立って、餅なし正月をみてみると、その伝承の持つイメージは坪井がいうようにけっして暗いものばかりではないことがわかる。

餅なし正月にしろ、次章で取り上げるサトイモやゴマの作物禁忌にしろ、それは家例としてみるなら、むしろ自ら進んで伝承してきたことである。言い換えれば、そうした家例は他から強制されたものではなく、伝承の原動力はあくまでその家自身にあるといえる。

こうした自己表現としての伝承のあり方は、一見すると餅なし正月のように禁忌伝承を伴うことのある「異人殺し」[8]伝承にみられるような、つまり他者を差別化する伝承のあり方とは対照的である。言い換えるなら、餅なし正月などにみられる家例は自己の特殊性をあげることにより他者との差異化をはかる伝承であるのに対して、同じ禁忌を説明するにしても異人殺しの伝承は他者（ある特定の家・家系）の特殊性を強調することによってそうした他者と自家との違いを表明するものである。

その場合、他者を差異化する伝承形態は、ときとして差別につながることがある。餅なし正月などの家例にみられる自己を差異化するための伝承においては、先祖の艱難辛苦が語られても、その実は話の主人公たる自家の先祖は滅ぶことなく現在まで存続してきている。それに対して、異人殺しの場合は現存しないある特定の家や家系が主人公となり、差異化された他者の側はもうすでに滅んだものになっていることが多い。また、現存する場合にも、そうした伝承はその家・家系に不具者が多いことなどの説明に使われ、多くの場合その地域社会においては差別のための陰口として機能している。

そう考えると、なにも餅なし正月に伴う伝説は坪井がいうほど暗いイメージとして捉える必要はない。むしろさまざまな苦労を重ねながらも現在までその家が存続していることを示しているのであり、あくまでそれを伝承する家にとっては自意識の表明として捉えるべきである。餅なし正月を含む家例伝承が、けっして差別と結びつかないのはそのためであるといえよう。自己の特殊性を主張しながら、巧妙に自己の差別化を回避する仕掛けが餅なし正月伝承の中にはあるといえる。その仕掛けのひとつが、特殊性の提起はあくまで自己の表明でなされるものであり、他者からの指摘によるものではないことにある。

注

〔1〕　坪井洋文は、稲作単一文化論を批判する立場から、家例は「柳田の定立した稲作文化の軸の枠組み

に入らず、民俗学者の設定した目安の範囲に組み込まれていない民間伝承」であるとし、そのため研究対象としては等閑視されてきたという（坪井、一九七九）。

[2]　同族は家を単位として共通の祖先を持つ本分家の系譜関係によって結ばれた日本の父系単系的な親族集団（上野、一九八七）をいい、三郷ではイッケまたはイッケと呼ばれる。

[3]　兵隊養子とは、徴兵養子とも呼ばれ、「徴兵令の初期に、合法的な徴兵忌避の手段としてした養子のこと」と定義される（比較家族史学会、一九九六）。なお、明治一六年（一八八三）の徴兵法改正で、養子名義による徴兵免役の道は閉ざされたため、いわゆる兵隊養子が行われた期間は明治八年から一七年ころまでの一〇年ほどにすぎない。

[4]　明治一七年二月二七日付『朝野新聞』の記事（菊池、一九七七）をみると、兵隊養子のため六〇歳以上の年寄りの戸籍が高値で売買されていたこと、また養子先を斡旋する者まで存在したことがわかる。

[5]　菊池邦作によれば、「この時期の（徴兵忌避）運動の特徴は一種の流行病的社会現象を伴う、悲喜劇両面の複雑な運動を展開しており、また幾多合法的脱法行為を示唆または教示する出版物が氾濫するなど当時のマスコミを、その渦中に投ずるに至り、徴兵忌避の歴史の中で、もっとも多彩な運動を繰り広げた時期」とされる（菊池、一九七七）。

[6]　藤堂高虎は戦国期に織田・豊臣・徳川氏らに仕え、後に三二万石の大名となる。

[7]　山田厳子は、「歴史伝説の時間的権威性と、真実性（信憑性）が薄れた時点で自分たちの身内や、身近な先祖に起こった不幸を、禁忌と関係づけて、新たな禁忌起源説話としたのではないか」という

重要な指摘をしている（山田、一九八六）。

［8］　異人殺しの伝説は、ある家が急に金持ちになるといった村内の異常事の民俗的説明として用いられた。しかも、それは公然と語りうる伝説ではないとされる（小松、一九八四）。

第4章　作物禁忌からみた餅なし正月

餅なし正月の多面性③

1　作物禁忌とは

民間伝承の中で、食物に対する禁忌は餅に限られたことではない。さまざまな農作物についてもそれは存在する。禁忌の対象となる作物は、五〇品目に及ぶとされる（河上、一九七九）。アワ・ヒエ・キビ・ソバ・トウモロコシといった穀物から、サトイモ・ジャガイモなどのイモ類やダイズ・アズキなどの豆類、およびホウレンソウ・キュウリ・トマトといった蔬菜類、スイカ・メロンなどの果物、そしてゴマ・ショウガといった香辛料までそれは及ぶ。

しかし、餅なし正月とその他の食物禁忌との間には大きな違いが存在する。餅以外の農作物の場合は、必ずといってよいほどに食物の禁忌には作物禁忌つまり栽培してはいけないという禁忌が伴っている。それに対して、餅なし正月の場合、餅を搗いたり食べたりすることについての禁忌は存在していても、そこに米またはモチ米を作ってはならないという作物禁忌は伴わない。

言葉の上では、作物禁忌とは、あくまでもその対象となる作物を栽培してはいけないとする伝承であり、その作物またはそれから調製される食物を、食べるか食べないかという点は関係ない。それに対して、食物禁忌とは、対象となる作物を栽培することについてはなんら規制を設けることはなく、あくまでもそれを食べたり供物に用いたりすることについて何らかの禁忌を有する伝承である。

しかし、伝承の実態はどうかというと、作物禁忌されるということは必然的にその対象作物を食べることができないことを意味し、結果として食物禁忌を伴っているのと同じことになる。また、食物禁忌の場合も、やはり栽培することについて何らかの規制を伴っていることが多い。つまりは作物禁忌と食物禁忌とは多くの部分で重なり合うといってよい。

そうしたとき、餅なし正月伝承は特異な存在である。なぜなら、餅なし正月伝承は、あくまで食物禁忌であって、作物禁忌ではないといえるからである。従来はともすると混乱されがちな禁忌概念であったが、餅なし正月を検討する上では、この点はまず明確にしておく必要があろう。

ここでは、餅なし正月伝承が、他の多くの禁忌対象となる作物とは違って、食物禁忌ではあるが作物禁忌ではないという点に焦点を絞り、餅なし正月伝承のもうひとつの解釈を試みることにする。

2　作物禁忌の対象

餅なし正月伝承の場合、餅を食べたり供えたりすることに規制は設けられていても、それは元旦を中心に一時的なもので、結局のところ餅は解禁される。そうしたことからいえば、餅なし正月の伝承中にことさらに米栽培を容認する言説は存在しないものの、米（モチ米）は餅なし正月を伝承する家や一族においても普通に栽培されていると考えてよい。筆者の知る限り、餅なし正月伝承に伴って、米の作物禁忌を説く事例は皆無である。

先に見たように、禁忌の対象となる作物は五〇品目に達し、それはおそらく日本人の食生活のほとんどすべてに及ぶものであるといえる。しかし、そこには米は含まれない。このことは重要な意味を持っていると筆者は考えている。

近代の統計でみる限り、作付け面積でいえば、稲はすべての畑作物を合計した栽培面積よりも多く、かつまた水田率が八〇パーセントを超えるようないわゆる米単作地が各地に形成されている。にもかかわらず、米の栽培に関する禁忌は見あたらない。確かに、「病い田」[1]の伝承のように、特定の水田に作付けすることを忌む伝承はあっても、それはあくまでその田一枚に限定されるものであり、作物禁忌の伝承のように、その家や一族、村において特定の作物を栽培することをいっさい禁忌するというものではない。

倉田一郎（倉田、一九三六）は禁忌作物には外来産のものが多いことを指摘している。また、河上一雄は禁忌作物の多くが畑作物とくに夏作物である点に注目している。そうして河上は、多様な作物の禁忌の要因はけっして一様なものではないとしながらも、その作物の伝来時における日本人の受け入れ方に禁忌を成立させる要因があると論じている。

そうした先学の諸説は、いくつかの作物については正しいといえる。たとえば、御霊信仰や天王信仰との関わりからなされるキュウリ禁忌についての説明は、一定の妥当性を持つものと評価されよう。しかし、御霊信仰や天王信仰との関わりからの説明は、キュウリ以外の作物をすべて包含して作物禁忌の全体像を解説する論理とはいえない。

さらにいうと、米以外の作物が禁忌の対象となっている以上、それが畑作物であることは論を俟たない。また、ムギなどわずかなものを除けば、畑作物はほとんどが夏作である。となれば、禁忌の対象は夏作物に多いという指摘もことさら強調されるほどのことではない。ましてや、新来の作物に禁忌が多いという説も、近年の考古学や人類学の成果により、米に先行して多くの畑作物がすでに存在していたことが明らかにされてきており否定される。当然、新来の作物であるとする点に前提をおいた説である、伝来時における日本人の受け入れ方に禁忌の要因を求めることも、今一度考え直されなくてはならないであろう。

3　作物禁忌の分布とその意味

（1）　作物禁忌の分布

ここでは、作物禁忌について、まずサトイモとゴマに注目して、長野県の事例を中心に検討していくことにしよう。第12図は、長野県におけるサトイモとゴマの作物禁忌の分布を示したものである（長野県、一九九一ａ）。

なお、サトイモとゴマを分析対象として選んだのは、長野県では餅なし正月の伝承に次いで報告事例が多いこと、ゴマとイモとでは同じ畑作物といっても食物としての性格や重要性といった点が異なり比較対照するのに好都合であること、という二つの理由からである。

まず、第一に、この分布図からは、餅なし正月の分布（第5図：一三八ページ）と同様に、サトイモやゴマの作物禁忌についても、松本平―佐久平ラインより北にしか分布しないことが注目される。なお、ゴマやサトイモの禁忌の場合も伝説が付随することがある。それを示したものが第8表である。

（2）　作物禁忌伝承と栽培限界

まず、禁忌伝承の分布が、松本平―佐久平ラインの以南と以北で大きく異なることの理由を禁忌とされる作物の側から考えてみよう。それはひとつには、その作物の栽培限界、つまりその作物が安定した食料として栽培可能かどうかという問題と関わっていると考えられる。

とくにイモの場合は、松本平―佐久平ラインの以北では、冬の寒さが厳しく種芋を冬越しすることがかつては難しかったといわれる。また、松本盆地にしろ長野盆地にしろ、年間降水量は一〇〇〇ミリ程度しかなく、年降水量二五〇〇ミリ程度の多湿を好むサトイモにとっては適地とはいえない[2]。当

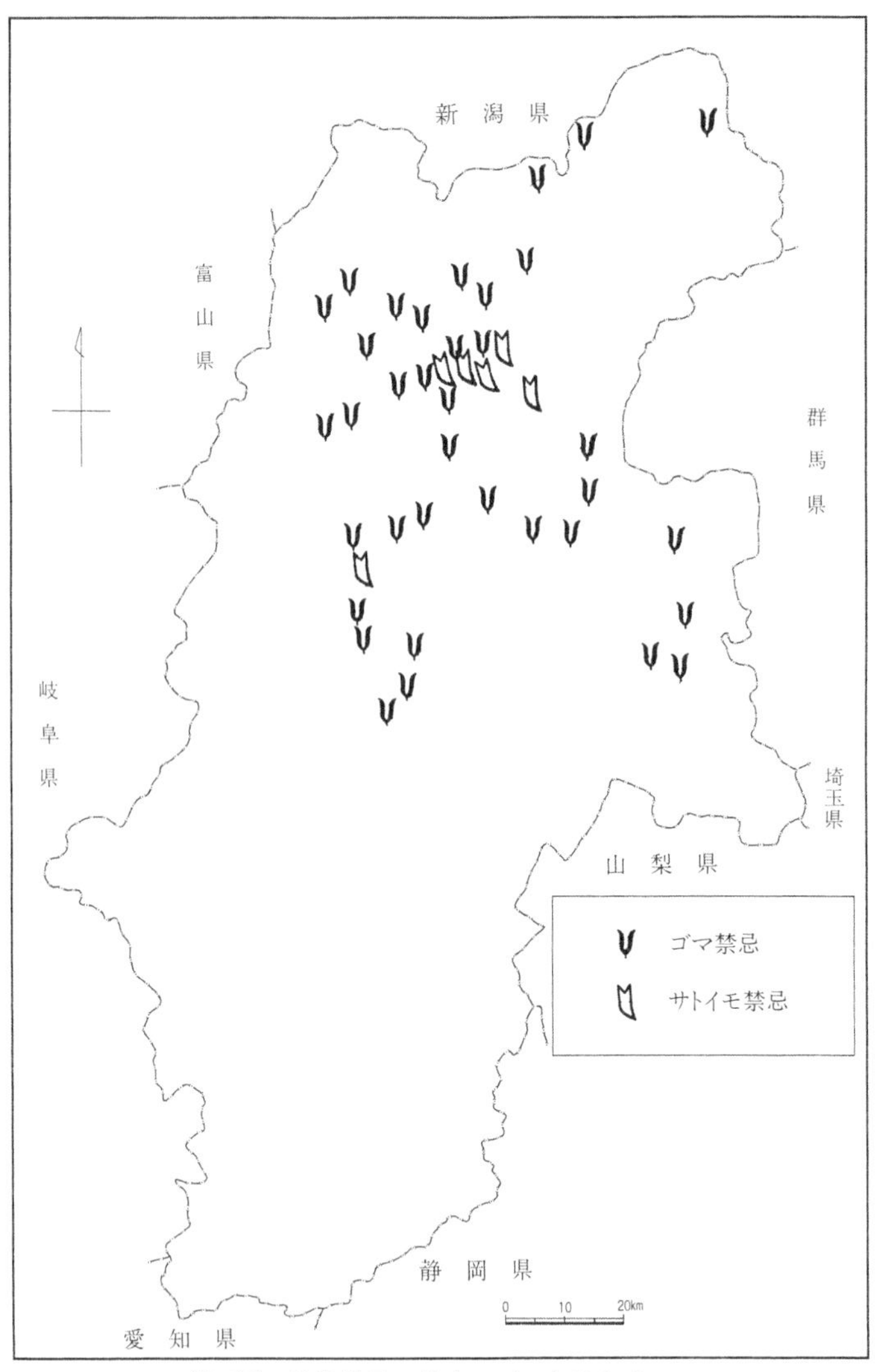

第12図　作物禁忌の分布―ゴマとサトイモ―

第８表　ゴマ・サトイモの作物禁忌伝承

伝承地	ゴマの禁忌伝承
真田町真田	白山様がゴマと綿の畑で遊んでいて目を突いてしまったので、それから白山様はゴマと綿が嫌いになった。それで神川から南(左岸)ではゴマと綿を作らない。 ライ病の夫神を嫌って逃げてきた白山様がゴマとワタの畑に入ったところ目を突いてしまった。白山様は怒ってワタとゴマをすべて抜き取った。それ以来山家神社のある神川左岸ではゴマとワタができないし、作ってもいけない。右岸では作ってもよい。
真田町上郷沢	神さまが犬に追われてゴマの木で目を突いて井戸に落ちたため、ゴマを作ってはいけない、井戸を掘ってはいけない、犬を飼ってはいけない。許しを得るお祭りを神官にしてもらい昭和15.6年ころからゴマを作ってもよくなった。
御代田町小井田	神川の水源となる四阿山にまつっている神様が田圃を見回っているとき、ゴマの実で目を突いて傷がついたので、神川の水を用水として使う地域ではゴマは作らない。ゴマの代用に昭和10年ころまでケシを作っていた。
青木村馬場	氏神があし毛の馬に乗ってゴマ畑にさしかかると、何かに驚いた馬が棒立ちになり、氏神はゴマ畑に落ちて失明されたという。それ以来この氏神の奥社のある子檀嶺岳の見える地域ではゴマを作らない。 大昔、子檀嶺神社の山城の主、冠者智武命があし毛の馬に乗って領内を見回っているときゴマ畑で落馬して片目をつぶしてしまった。そのため、子檀嶺岳の山頂が見える所では、あし毛の馬は飼わない、ゴマを作らない。
上田市平井寺	産土様がひばり毛の馬から落ちたときに、ゴマの木で目を突いたからといって、幟立から上と駒瀬川の西側の平井寺地籍ではゴマを今も作らない。
丸子町練合	地蔵様がゴマで目を痛めたからといってゴマを作らない。
東部町東田沢	明神様の御神体はヘビで、ゴマで目を痛めたからといってゴマを作らなかったが、昭和20年代になってお祓いをしてもらって以来作れるようになった。
東部町西宮	禰津の殿様がゴマをえったときゴマが飛んで目に入り盲目となったため、領民にゴマを作らせなかった。
御代田町小田井	弘法大師がゴマのさやで目を突いたので、ゴマを作ることをが禁じられた。
佐久市横根	昔、小沼の真楽寺の池から出た龍神が諏訪湖へ行く途中、小田井でササギに引っかかりつんのめり、横根のゴマの実で目を突いて痛めたので、小田井ではササゲを、横根ではゴマを作らない。作ればたたりがある。
浅科村矢島	ゴマを作ると目がつぶれるといわれ作らない。代わりにイクサを作る。
臼田町清川	新海神社の神の新海様がゴマ畑で転んでゴマの木で目を突いたので、新海神社の氏子は今も畑にゴマを作らない。
臼田町三分	昔、新海神社の神様とサイノカミ様が博打を打った。新海神社の神さまが負けゴマ畑に逃げ込んだが、ゴマで目を突き目を潰してしまった。それから田ノ口の村ではゴマは作らない。
八千穂村佐口	昔、佐口の氏神様の諏訪の明神様がゴマ畑で転んでサヤで目を突き難儀したので、ここではゴマを作ってはいけない。
八千穂村崎田	諏訪様がゴマで目を突き難儀したので、ゴマを作らない。
佐久町余地	田ノ口の殿様がゴマで目を突いたためゴマを作ることを禁じた。
小海町宮下	八千穂村崎田では、諏訪明神がゴマの葉で目を突いたのでゴマを作らないし、ゴマ畑にも入らない。
南牧村海尻	村の神主が白い馬に乗って出かけるとき、クズの蔓に引っかかり落ち、ゴマの木で目を突いた。そのため、白い馬は飼わず、ゴマもクズも作らない。
白馬村嶺方	諏訪様は蛇体になって這ってきた。そのときゴマで目を突いたから作ってはいけない。

白馬村沢渡	神明様がゴマで目を突いたので、神明様を氏神にもつ氏子はゴマを作ってはいけない。
	産土様の目の中にゴマが飛び込み、目が見えなくなったからゴマは作らない。
美麻村千見	昔、ゴマがお神明様の目に入ってたいへん苦しまれたので、お神明様をまつる氏子はゴマを作らない。
美麻村二重	昔、氏神様がゴマを食べるとき、目を痛めたので氏子はゴマを食べるとけがをすると伝えられている。
八坂村大平	お産土様が嫌いだからといってゴマを作らない。
大町市館之内	産土様がゴマの殻で目を突いたので、ゴマを作ると罰が当たると言われる。昭和時代の初めころ神主にお祓いをしてもらって作ったときもあったが、今はまた作られていない。
	ゴマはお神明様の目を突くからといって作らなかった。
	サンボウコウタイジンがゴマで目を突いたので、ゴマを作らない。
池田町堀之内	神様がゴマで目を突いたので、この地籍では作らない。
坂井村山崎	神明様がゴマで目を突いたので、神明様を氏神にもつ氏子はゴマを作ってはいけない。
四賀村金井	神明様がゴマの木で目を突いたので、ゴマを作れば目の病気にかかる。
四賀村取出	昔は、神明様がゴマの穂先で目を突いたというので、この地方ではゴマは作らなかった。
塩尻市柿沢	産土様がゴマで目を突いたため、ゴマを作らない。
白馬村嶺方	諏訪様がゴマで目を突いたので、ゴマを作ってはいけない。
豊科町細萱	氏神様のタケミナカタノミコトがカキの木から落ちてゴマで目を突いたので、カキやゴマを植えてはいけない。
	昔、氏神様がゴマの木で目を突いたので作らなくなった。作ればたたりがあるといわれたが、戦後お祓いをして今は作るようになった。
三郷村長尾	先祖が敵に追われてゴマで目を突いたからといってゴマを作らない家がある。
松本市浅間温泉洞	神様がサトイモの葉で滑ってゴマの木で目を突いたので、サトイモとゴマは作らない。
松本市川西	氏神様(産土様)のタケミナカタノミコトがカキの木から落ちてゴマで目を突いたので、カキやゴマを植えてはいけない。
松本市殿	氏神様のタケミナカタノミコトがカキの木から落ちてゴマで目を突いたので、カキやゴマを植えてはいけない。
松本市内田	産土様がゴマで目を突いたのでゴマを作らない。
松本市芳川平田	近所にゴマとカキは産土様が嫌うといって作らない所がある。
塩尻市宮前	北小野地区ではゴマとカキを作らない。産土神である小野神社の建御名方命が木に登ってカキを取ろうとしたら誤って木から落ちて下に植えてあったゴマで目を突いてしまった。その後、氏子全員がカキとゴマを作らなかった。
信濃町古海	氏神様がゴマの株で足を痛め、ムギの穂で目を突いたので、ムギとゴマは作ってもよく穫れない。
	村の氏神様がゴマの株で足を痛めたので、ゴマを作っても実らない。
牟礼村地蔵久保	昔、おぶつな様がゴマの枝で目を突いたのでゴマを食べなかった。
長野市南長池	神様が村内巡行中にゴマで目を突いたので、ゴマは作らない。作ると良いことがない。
長野市桐原	反目のお宮は八幡様で男神、桐原のお宮は厳島の姫尊で女神である。男神がこの女神のところへ夜這いに行き、ゴマで目を突いたので、道上(桐原神社の北)ではゴマを作ってはいけない。
長野市広瀬	産土様が犬に追われてゴマ畑に逃げ込み、ゴマで目を突いて片目になったため、ゴマを作ってはいけないし、犬を飼ってもいけない。
長野市信更町灰原	うぶつな様がゴマの葉で目を突いたのでゴマを作ってはいけない。

長野市篠ノ井犬石	氏神様は犬とハイモ(サトイモ)が大嫌いである。昔、氏神様が犬に追われてハイモですべって転び、ゴマで目を突いたから。そのため、ハイモとゴマは作ってはならず、犬も飼ってはいけない。
長野市篠ノ井十二	目を怪我するからゴマを作ってはいけない。
	うぶつな様がゴマの葉で目を突いたのでゴマを作ってはいけない。
長野市川中島町今井	お天神様の目にゴマが入って転んだので、ゴマを作ってはいけない。
戸隠村上野	昔、天手力男命が天岩戸をかついで、戸隠山に来るとき、ゴマの枝で目を突いたので、戸隠のものはゴマを作らなかった。
戸隠村志垣	ゴマを作ると、天狗の目を突くからといって、作らないものがある。
中条村倉本	氏神様がゴマの葉先で目を突いて困ったのでゴマは作らない。作ると目を患う。
	昔、大姥様(氏神)がゴマの葉先で目を突いて苦しんだ。以来、氏子はゴマを作らない。作ると目の病気になる。作るには道路の下側の畑ならいい。
小川村味大豆	氏神様がゴマの葉で目を突いたのでゴマを栽培しない。
	飯縄神社のあるところは、目を病むからゴマだけを畑に植えてはいけないといい、他の作物の畝間に作った。
信州新町弘崎	うぶすな様がゴマで目を突いて盲目になったので、ゴマを作ってはいけない。
更埴市桑原大田原	ゴマを作ると氏神様の機嫌が悪くなる。
下諏訪町萩倉	ゴマを作ると目を病むといって作らない。
茅野市湖東笹原	アブラエは作るが、ゴマは作らない。

伝承地	サトイモの禁忌伝承
豊科町飯田	松岡では産土様がサトイモを嫌うから、サトイモを作ってはいけないという。
松本市浅間温泉洞	前記ゴマ伝承と共通
長野市篠ノ井犬石	前記ゴマ伝承と共通
長野市稲里町境	諏訪様がハイモの葉で目を突いたのでハイモを作ってはいけない。
長野市篠ノ井上石川	明神様がサトイモの葉で目を突いたからサトイモは作ってはいけない。
長野市篠ノ井長谷	観音様がサトイモの葉で目を痛めたのでサトイモを作ると目を痛めるといって作らなかった。しかし明治末ころ観音様に献灯してから作れるようになった。
長野市松代町柴	サトイモを作ると神様の罰が当たって盲目になるといわれたため、昔は作らなかった。
更埴市土口	隣の雨宮では、雨宮のお山王様がハイモの葉の先で目を突いたからといってサトイモは作らない。

＊『長野県史民俗編資料編』および筆者調査資料より作成

然、そうした栽培条件や種芋の越冬という点において、こうした地域ではサトイモは毎年安定した収穫を望むことはできないわけで、それは当然サトイモを生計維持のための主食料源とすることができないことを示している。

それに対して、松本平—佐久平ラインの以南は、以北に比べるとはるかに暖かく、また降水量も多いため、サトイモの栽培はかつてから盛んに行われていた。当然、そうした地域ではイモは生計維持の上で重要な食料源となっていた。それは、以下に示す長野県南部の一山村である坂部（下伊那郡天龍村）の事例（長野県史民俗編編纂委員会、一九八五・安室、一九九七）にみるとおりである。

坂部における昭和初期（一九三〇年前後）の食生活をみてみると、米飯に代表されるような日本人一般の主食のイメージとはかけ離れた食生活の実体がよくわかる。おそらく坂部では、「主食」という考え方はかつては存在しなかったのではなかろうか。坂部では、その時々に収穫されるものを主食材とすることを、その時々に同じものばかりを食べることから「バッカリ食い」という。そうした食生活のあり方はかつては長野県南部に限らず山村では一般的であったと考えられる。そこには米のように何かひとつのものに特化することのない基本的生計維持のあり方がよく現れている。

飯を炊くのは一般に朝飯のときだけである。そのとき主となる食材は、ムギ・アワ・ヒエ・コメといった穀物である。そのうち主穀となるものはさまざまであった。もっとも一般的な飯はムギにアワやヒエを混ぜて炊いたものである。しかし、そうした穀類の飯だけで三食がまかなえたわけではない。

昼飯や夕飯には朝炊いた飯は十分には残っていない。そのため昼飯や夕飯にはその時々に収穫される畑作物が頻繁に主食材として用いられる。それは穀物主体の主食を補う代用食の概念を越えるものである。

具体的にいえば、春から夏にかけてはジャガイモ、秋はキビ（トウモロコシ）、秋から冬にかけてはサトイモが盛んに食された。春先にジャガイモができると、「餌ができたで、まあ死なん」といって人々はひと安心したという。そうしているうちに夏にキビが収穫されると、夕飯は焼いたキビになった。そうして秋彼岸のころからサトイモがキビに変わって夕飯の主食材になる。そのころから一二月までサトイモを大鍋に毎日一杯ずつ茹でては夕飯に食べた。そして一月から三月はサトイモを少しずつ食べていき、ちょうどサトイモが尽きるころになると、ジャガイモの収穫時になったという。まさに、ジャガイモがとれるとジャガイモばかり、サトイモがとれるとサトイモばかりの、バッカリ食いである。

そうした食料確保のための工夫は栽培する作物の多様さに現れる。作物の種類が多様なだけでなく、同一の作物の中にも多くの品種が存在する。一例をあげると、坂部ではひとくちにサトイモといっても、エゴイモ・ヤツガシラ・ツルノコ・ワセイモ・トウノイモ・アカメなど民俗分類されたさまざまな品種が存在した。栽培環境もさまざまで、畑に作るもの、水田に作るもの、焼畑の三年目に作るものというように作り分けられている。そのことがいってみれば気象の変動や地滑りなどの天災に対する危険分散の役目を果たし、秋から冬にかけての食料確保に大きな意味をもっていた。

以上のように、坂部に例を取り、長野県南部の食のあり方をみていくと、松本平—佐久平ライン以南では、イモは秋から冬にかけての重要な主食材であることが理解されるわけで、それを作物禁忌し、栽培自体を忌避してしまうことは実質的には不可能であることがよくわかる。

それに対して、松本平—佐久平ライン以北は、サトイモにとっては栽培の限界地である。こうしたところでは冬の寒さを「シミル」つまり「凍る」と表現するが、まさに寒さに弱く一度凍ると腐ってしまうサトイモは、秋に収穫したものを翌年まで種芋として保存しておくことができない。当然、そうしたところでは、松本平—佐久平ライン以南のようには毎年安定して収穫が見込まれない以上、たとえ短期間であってもサトイモを主食材として用いることは困難である。

こうした状況を反映して、松本平—佐久平ラインの南ではサトイモは作物禁忌の対象とはなりえないのに対して、松本平—佐久平ライン以北ではサトイモは禁忌作物化されやすい。禁忌作物たる必要条件はそうした栽培限界との関係にあるといえよう。

(3)　作物禁忌と生計維持のあり方

さらにいえば、作物禁忌伝承の分布が松本平—佐久平ラインの以南と以北とにおいて大きく異なることは、両地域における生計維持のあり方の違いとして理解することが可能である。

松本平—佐久平ラインの以北には、長野盆地や松本盆地および上田盆地といった大きな内陸盆地がいくつも存在し、人口の多くはそこに集中していた。また、そこは歴史的にみて水田稲作に早くから特化した地域となっていた。そうした地域では、米はもちろんのこと水田二毛作によるムギ（オオムギおよびコムギ）の生産も多く、比較的早くから主食料は米とムギを中心としたものに特化していた。つまり、松本平—佐久平ライン以北の地域は、食の戦略として米とムギを強く志向した地域であるといえる。

それに対して、山がちな松本平—佐久平ライン以南の地域においては、そうした米・ムギのような基幹食料への特化は比較的最近になってからのことであり、そうした地域では昭和前期の頃まで、先に示したバッカリ食いという食の戦略を採らざるをえなかった。バッカリ食いとは、キビができるとキビばかり、イモができるとイモばかり、というような時どきの収穫期を迎えた作物を食べて、トータルで一年を食いつなぐという食の戦略である。それは米やムギといった一年を通して食いつなぐことができる基幹食料源が存在しないことを意味しており、いくつもの食料を組み合わせる食の戦略であるといえる。

もちろん以南においても米やムギは栽培することはできるが、伊那谷の河岸段丘の他はほとんどが山間地のため、農業生産を米とムギ（水田二毛作）に特化させることはできない。生産される米やムギは特化を志向する特別の存在というよりは、バッカリ食いの一要素にすぎず、食料源としてはイモ・キビ・ジャガイモと同列の地位にあったといえる。

また、それは儀礼時における食のあり方をみてもわかる。第Ⅱ部第1章における餅なし正月の検討で、松本平―佐久平ライン以南は雑煮の具にイモを入れる地域であったことを示した。また、イモの他にもダイコンなどさまざまな作物が入れられ、まさに文字通り雑煮となっている。ライン以北においては、主たる雑煮の具が餅に一元化されているのとは対照的であった。それが実は日常の食体系を反映したものであったことを示したわけだが、このことは象徴的である。つまり、こうした非日常食においても、また日常食においても、松本平―佐久平ラインを境にして、以北では米（餅）への単一化が強く志向されたのに対して、以南においては食の複合性が維持されていたといえる。

そのように食の複合度の高い地域、つまり特定の突出した食材（一年を通して食料とすることができるほど高い生産性と安定性を持つ作物）の存在しない地域においては、複合要素のうちひとつでも作物禁忌とされてしまうことは、一年を生き延びる上で重大な不都合が生じる。それは、食料の手に入らない時期ができてしまうことを意味するからである。先に示した坂部のように、バッカリ食いを食の戦略としている地域においては、たとえばイモがかけてしまえば、秋から冬にかけては主食料がなくなってしまうことになるのである。

そう考えるなら食の複合度の低い地域、つまり米・ムギによって一年間の食料が確保される地域においては、そうした基幹作物以外なら作物禁忌の対象になりやすいといえよう。第12図に示した作物禁忌の分布地が、松本平―佐久平ライン以北に集中するのはそのためである。

一言でいえば、その地域で暮らしていく上で、生計を維持するのに不可欠な要素は作物禁忌とはなりづらいのに対して、生計維持にとってそれほど重要でないものは、作物禁忌の対象として選ばれやすいということになろう。

ただし、そう単純に割り切ることはできない場合もある。たとえば、前述のように松本平―佐久平ライン以南において生計維持の上で重要な位置を占めるイモが作物禁忌の対象とはならないことは前記の説明で理解可能であるが、それほど生計維持に重要だとは考えられないゴマのようなものまでも松本平―佐久平ライン以南において作物禁忌の対象とならないのはなぜであろうか。単純に生計上の重要性だけでいうならゴマは全県的に作物禁忌の対象となってもよいはずである。

そのひとつの解釈として、松本平―佐久平ライン以南の地域における複合性の高い生計維持のあり方が、そこに暮らす人々の民俗的伝統の中に、作物禁忌を生み出さない文化というものを形成しているからであると考えることができるのではなかろうか。

4　餅なし正月と作物禁忌の関係

では、これまでの作物禁忌に関する検討を受けて、餅なし正月伝承はいかに解釈されるであろうか。

前章において、家例は自意識の表明であり、また他家との違いを際立たせるものとして機能していることを述べた。餅なし正月を含めた作物禁忌の伝承は、多くの場合、家例として伝承されることを考えると、作物禁忌も餅なし正月と同様に、明らかに自意識の表明であり、伝承の推進力はその家自身にあるといえる。

そのように考えると、第12図に示した分布のあり方は、作物を禁忌することにより他家との差異化をはかろうとする傾向性が、松本平―佐久平ライン以北には強いことを示しているといえよう。そのときの他家との差異化をはかるための対象物が、サトイモやゴマであり、また餅なのである。

作物禁忌により他者と差異化し自意識を表明しようとするとき、禁忌の対象となるものはその地域において生計維持の上でメジャーなものになるほど、その表明は鮮明で効果的なものとなる。稲作優越地においては、生計維持の上で米はもっとも重要な作物であり、また儀礼を行う上で餅は供物・儀礼食としてもっとも多用されるものとなるわけで、そうした米や餅に関して他家と違うことをする（禁忌とする）ということは、より鮮明に自己をアピールすることになり他家との差異化をはかる上で効果的である。

しかし、そこにはひとつの大きな矛盾が生じてしまう。生計維持の上でメジャーなものを禁忌の対象とすることで、自家の存在をより強くアピールしようとすれば、その家にとっては生計維持の上で危険な状況を招くことになりかねない。作物禁忌の対象としてしまうこと、つまりその家や一族においてそうした作物をいっさい作らないとしてしまうことは、禁忌対象物がその地域において日常食の基幹を成すようなものの場合、実質的にはありえないことである。そうした作物なくしてはその地域において生計が維持できないからである。そうした作物には、長野県の場合、米のほかに、ムギやアワ、山間地におけるヒエやソバ、また県南部におけるイモなどがある。

そうしたことが、餅なし正月は食物禁忌であっても作物禁忌ではない、つまり米を栽培することを禁忌するものではない、大きな理由のひとつであると考えられる。米の場合には、餅なし正月伝承にみられるように、その禁忌の対象を米自体ではなく餅に限定し、かつまたその禁忌される時間を正月に限定する必要があったと考えられる。そのように二重の限定条件を付けることでやっと、米は禁忌対象物になりえるといえよう。

そのことはゴマなどの作物禁忌にはみられない大きな効果を生んだともいえる。餅なし正月伝承の場合、米というメジャーフードを禁忌対象としながらも、規制の時空を儀礼時でもとくに注目度の高い正月に当て、しかも対象を儀礼上重要な意味を持つ餅とすることで、結果としてもっとも効果的に自意識の表明と他者との差異化をはかることに成功した。

反対からみれば、ゴマやキュウリなどの食料源としてマイナーな存在に関しては、禁忌の時空を規制することなく、遠慮なく作物禁忌とすることができたといえよう[3]。そのように作物禁忌とされても、そうした作物はその地域において生計維持の上で不可欠な要素ではないからである。そうした意味からいえば、本章の冒頭で触れた禁忌作物五〇品目の中には米は含まれてはいなかったが、生計に占める米の位置が低いところでは、理論上は米に対する作物禁忌が存在してもおかしくない。

注

［1］ ヤマイダ（病い田）とは、忌み地の一種で、その田を耕作したり、買ったりすると、人が死んだり家が滅ぶといった、曰く因縁の伝えられる水田である。

［2］ 松本平—佐久平ラインの北と南とでは気象条件が大きく異なる（荒井、一九八八）。松本平—佐久平ライン以北にある長野の年降水量は九八七・三ミリしかないのに対して、ライン以南の飯田の年降水量は一六八一・一ミリもある。また、月別の平均気温でみてみると、長野は一・二月が平均気温がマイナスとなるのに対して、飯田の場合は一年を通して月平均気温がマイナスとなることはない（以上、一九五一年から一九八〇年までの平均値）。

［3］ ただし、実際のところ、禁忌作物の中には、栽培してはいけないが、人から貰って食べるぶんにはかまわない、というような伝承構造になっている場合もみられ、必ずしも作物禁忌に食物禁忌が重なっているわけではない。こうした伝承は、形式上は、他者との差異化を示すために作物禁忌を表明しながらも、実際には抜け道を用意するというもので、民俗的思考の現れとして興味深い。

あとがき

私事に関わることで恐縮だが、私にとって柳田国男と坪井洋文は、現在の民俗学徒としての自分を振り返るとき、エポックとなる大きな意味を持っている。二人に実際に面識があるわけではない。坪井には一学生として講義をうかがったことがあるだけだし、柳田にいたってはその著作を目にするだけである。

私が、民俗学に触れるきっかけとなったのは、おおかたの民俗研究者と同じように、柳田国男の著作であった。高校生のとき現代国語の教科書に『遠野物語』の一節が載っていたのが最初である。当時民俗学という言葉さえ知らない高校生ではあったが、教科書の中にあって、評論や小説とは違い、まただからといって詩歌のような韻文とも違う、ひときわ不思議な雰囲気を持った柳田の文章に惹かれたことはよく覚えている。

そんなこともあって大学に入って民俗学を学ぶことになるのだが、そうなってみると今度は反対に柳田の文章を読むことが苦痛に近いものになってしまった。その膨大な著作に畏れおののいたのも事実であるが、なによりも柳田の文章が「風が吹けば桶屋が儲かる」式のものに思えてならなかった。

当然、本書の冒頭にも取り上げた柳田の餅論の象徴的な存在である、鏡餅のかたちは人の心臓を模したものであるという説についても、あまりの突飛さに半ばあきれてしまった。そのあまりのユニークさに、正直なところ民俗学とは深読みやこじつけの学問であるとさえ感じた。

そんなこともあって、自分のなかでは民俗学への興味関心は徐々に薄れていき、大学院への進学を機に進路の変更を考えていた。しかし、そんなとき坪井洋文が大学に二年続けて集中講義にやってきた。私がその授業に出席したのは、ほとんど偶然に近いものであった。しかし、坪井の集中講義の印象はたいへんに強く、今考えるとちょうど『民俗再考』のゲラだと思うのだが、それを手にして熱っぽく日本民俗の多元性について講義された。この授業をきっかけにして、民俗学のおもしろさをあらためて思い出したような気がする。

その後、坪井の『イモと日本人』や『稲を選んだ日本人』などの一連の著作を読み、そのおもしろさにますます惹かれていくとともに、再度、柳田を読み返していくことになった。つまり私にとっては、柳田の著作と坪井のそれとはいつも一体として読み進んできたといってよい。私が民俗学に本気で取り組もうとしたとき、その出発点はこの二人にあったといえる。

そうしてわかったことは、柳田のユニークな餅論はそれだけで完結するものではなく、稲・神・家といったことつまり民俗文化全般と密接に関わりながら導き出されたものだということである。そして、かつてはその突飛さだけが目に付いてしまった柳田の論には、十分に現代的検討にたえるだけの論理が存在することも理解できるようになった。

ただし、本当の意味で、含蓄・こじつけ・深読みの民俗学を脱却するには、批判的な観点から柳田や坪井の論を検証していく必要性を感じる。いまは亡き柳田にしろ坪井にしろ、そのビッグネームに臆することなく、そして彼らの論を所与の前提とするのではなく、あくまで是々非々の態度で検討を加えることが必要であろう。本書では十分にそれが出来たとはいえないが、そうした批判検証的な態度を崩さずにデータ中心に自分の意見を提示していくことに努めたつもりである。

それにしても、出版社より本書の依頼をいただいてから、丸三年が経とうとしている。その間さまざまな事情から本書の執筆は遅々として進まなかった。そんななか、辛抱強く原稿の出来をお待ちいただき、そしてまたプロットの構成などさまざまにアドバイスをいただいた雄山閣出版社の佐野昭吉第一編集長および実際の編集作業に際して文章はもとより写真など細部にわたって心配りいただいた編集者の小坂恵美子氏にはとくにお礼を申し上げなくてはならない。最後になってしまったが、ここに記して感謝の意を表したい。

一九九九年一一月

安室　知

引用参考文献

青山孝慈　一九八七「相模国三浦郡の村明細帳（二）その一」『三浦古文化』四二号
荒井伊左夫　一九八八『信州の空模様』信濃毎日新聞社
飯塚　好　一九九一「正月儀礼の多様性」『埼玉県立歴史資料館研究紀要』一三号
板橋春夫　一九九五『葬式と赤飯』煥乎堂
市川健夫・竹内淳彦編　一九八六『長野県の地場産業』信濃教育会出版部
伊藤幹治　一九七四『稲作儀礼の研究』而立書房
伊藤好一　一九八一「農民社会」遠藤元男・山中裕編『年中行事の歴史学』弘文堂
井之口章次　一九七五『日本の俗信』弘文堂
上野和男　一九八七「同族」石川栄吉ほか編『文化人類学事典』弘文堂
宇田哲雄　一九八八「家格と家例」『日本民俗学』一七六号
宇田哲雄　一九九二a「家例としての禁忌習俗の発生」『日本民俗学』一九一号
宇田哲雄　一九九二b「村外分家と禁忌家例」『民俗学論叢』第八号
大島建彦　一九八九「解説」『餅』岩崎美術社
大友　務　一九八四「歳時儀礼食における家例と地域性（一）」『埼玉県立博物館紀要』一〇号
岡　正雄　一九五八「日本文化の基礎構造」関敬吾ほか編『日本民俗学大系』第二巻、平凡社

小田きく子・大島春美　一九八二「『雑煮』について」『学苑』五一四号

折口信夫　一九二九「餅搗かぬ家」『旅と伝説』二巻一号

影山正美　一九九五「山梨県における粉食文化の一断面」『山梨県史研究』三号

河上一雄　一九六八「栽培植物禁忌研究への予備的考察」『日本民俗学会報』五六号

河上一雄　一九七九「作物禁忌」五来重ほか編『講座日本の民俗宗教』第四巻、吉川弘文館

川喜田二郎・梅棹忠夫・上山春平　一九六六『人間―人類学的研究―』中央公論社

菊池邦作　一九七七『徴兵忌避の研究』立風書房（『日本平和論大系』第一六巻、一九九四、日本図書センター、所収）

倉田一郎　一九三六「禁忌の問題」柳田国男編『山村生活調査第二回報告書』（『山村海村民俗の研究』一九八四、名著出版、所収）

倉田一郎　一九六九『農と民俗学』岩崎美術社

小松和彦　一九八四「異人殺しのフォークロア」『現代思想』一二巻一三号

近藤正治　一九九三「餅なし正月に関する考察」『法政人類学』五五号

阪本寧男　一九八九『モチの文化誌』中央公論社

桜井徳太郎　一九六六「門松をたてないということの意味」『日本歴史』二二四号

桜田勝徳　一九五九「総説」関敬吾ほか編『日本民俗学大系』第七巻、平凡社

佐々木高明　一九七一『稲作以前』日本放送出版協会

篠田　統　一九七〇『米の文化史』社会思想社

島田勇雄訳注（人見必大著）　一九七六　『本朝食鑑』平凡社
鈴木亀二　一九八〇　「解題（一）」横須賀史学研究会編『浜浅葉日記（一）』横須賀市立図書館
鈴木亀二　一九八三　「解題（四）」横須賀史学研究会編『浜浅葉日記（四）』横須賀市立図書館
竹内弘明　一九九三　「尾張藩と門松」『名古屋市博物館だより』九〇号
田沢直人　一九八〇　「長野県東筑摩郡本城村東条立川部落における『餅無し正月』について」『長野県民俗の会会報』三号
田中太郎　一九八六　『田中家家訓家定書』（私家版）ほうずき書籍
田中　磐　一九五六　「餅の禁忌」『信濃』八巻一号
千葉徳爾　一九七〇　『地域と伝承』大明堂
辻井善弥　一九九四　「浜浅葉日記にみる贈答」『三浦半島の文化』四号
坪井洋文　一九六七　「イモと日本人（一）」『国学院大学日本文化研究所紀要』二〇号
坪井洋文　一九七七　「日本民俗社会における世界観の一考察」『人文社会科学研究』一五号
坪井洋文　一九七九　『イモと日本人』未来社
坪井洋文　一九八二ａ　「民俗研究の現状と課題」『国立歴史民俗博物館研究報告』一号
坪井洋文　一九八二ｂ　『稲を選んだ日本人』未来社
坪井洋文　一九八二ｃ　「半世紀の風土変化」『人類科学』三五号
坪井洋文　一九八三　「日本人の再生観」谷川健一ほか編『日本民俗文化大系』第二巻、小学館
坪井洋文　一九八五　「風土の時間と空間」九学会連合日本の風土調査委員会編『日本の風土』弘文堂

坪井洋文　一九八六ａ　『民俗再考』日本エディタースクール出版部
坪井洋文　一九八六ｂ　「稲作文化の多元性」谷川健一ほか編『日本民俗文化大系』第一巻、小学館
坪井洋文　一九八九　「新年の時間的二元性」『神道的神と民俗的神』未来社
坪井洋文　一九九九　「民俗学からみた穀類とイモ」熊倉功夫編『講座食の文化』第二巻、農山漁村文化協会
坪井洋文・網野善彦・宮田登・塚本学　一九八九　『日本文化の深層を考える』日本エディタースクール出版部
都丸十九一　一九八六　「餅なし正月の家例」『歳時と信仰の民俗』三弥井書店
都丸十九一　一九八八　「餅なし正月と雑煮」『日本民俗学』一七四号
直江広治　一九七二　「餅無し正月」大塚民俗学会編『日本民俗学事典』弘文堂
中尾佐助　一九六六　『栽培植物と農耕の起源』岩波書店
長野県　一九八八　『長野県史　通史編　第五巻（近世二）』長野県
長野県　一九八九　『長野県史　通史編　第六巻（近世三）』長野県
長野県　一九九〇　『長野県史　民俗編　資料編』（全一二巻）長野県
長野県　一九九一ａ　『長野県史　民俗編　総説Ⅰ』長野県
長野県　一九九一ｂ　『長野県史　民俗編　総説Ⅱ』長野県
長野県史民俗編編纂委員会　一九八五　『坂部民俗誌稿』長野県史刊行会
野本寛一　一九九三　『稲作民俗文化論』雄山閣出版

野本寛一・宮田登　一九九四「対談『餅』の民俗再考」『フォークロア』六号
早川孝太郎　一九四一「農と稗」農村更生協会編『稗食の研究』農村更正協会
比較家族史学会　一九九六『事典家族』弘文堂
平山敏治郎　一九四九「取り越し正月」『民間伝承』一三巻一一号
福田アジオ　一九九七『番と衆』吉川弘文館
古川貞雄編　一九八八『図説長野県の歴史』河出書房新社
松下幸子　一九九一『祝いの食文化』東京美術
松本県が丘高等学校風土研究部歴史班　一九七五a『四阿屋山信仰の研究（一）』
松本県が丘高等学校風土研究部歴史班　一九七五b『四阿屋山信仰の研究（二）』
松本県が丘高等学校風土研究部歴史班　一九七七『四阿屋山信仰の研究（三）』
馬渕和夫　一九七三『和名類聚抄古写古声点本本文および索引』風間書房
三郷市史編さん委員会　一九九一『三郷市史第九巻（民俗編）』三郷市
三郷市史編さん委員会　一九九三『三郷市史第四巻（近代資料編）』三郷市
三郷市史編さん委員会　一九九四『三郷市史第五巻（現代資料編）』三郷市
三郷市史編さん委員会　一九九七『三郷市史第七巻（通史編Ⅱ）』三郷市
宮田　登　一九七二『近世の流行神』評論社
宮田　登　一九九四『白のフォークロア』平凡社
宮本袈裟雄　一九七二「田打ち正月」大塚民俗学会編『日本民俗事典』弘文堂

三輪茂雄　一九八七　「石臼と伝統食品」『伝統食品の研究』四号
民俗学研究所（柳田国男監修）　一九五一　『民俗学辞典』東京堂出版
民俗学研究所（柳田国男監修）　一九五三　『年中行事図説』岩崎美術社（一九七五、復刻）
室松岩雄編　一九〇八　『類聚近世風俗志』（一九八八、名著出版、復刻）
安室　知　一九八八　「現代民俗学への疑問①―民俗文化類型論について―」『長野県民俗の会通信』八六号
安室　知　一九九一ａ　「ものつくり・再考―民俗地図を読む―」『伊那路』三五巻一号
安室　知　一九九一ｂ　「餅なし正月・再考」『日本民俗学』一八八号
安室　知　一九九二　「存在感なき生業研究のこれから」『日本民俗学』一九〇号
安室　知　一九九五　「餅なし正月の多様性」『フォークロア』六号
安室　知　一九九七　「複合生業論」野本寛一ほか編『講座日本の民俗学』第五巻、雄山閣出版
安室　知　一九九八　『水田をめぐる民俗学的研究』慶友社
柳田国男　一九〇三　「農業政策学」（『定本柳田国男集』第二八巻、筑摩書房、所収）
柳田国男　一九二六　「餅白鳥に化する話」『一目小僧その他』（『定本柳田国男集』第五巻、所収）
柳田国男　一九三〇　『明治大正史世相編』（『定本柳田国男集』第二四巻、所収）
柳田国男　一九三二　「食物と心臓」『食物と心臓』（『定本柳田国男集』第一四巻、所収）
柳田国男　一九三三　「生と死の食物」『食物と心臓』（同前）
柳田国男　一九三四　「餅と臼と擂鉢」『木綿以前のこと』（同前）
柳田国男　一九三六ａ　「餅なおらい」『食物と心臓』（同前）

柳田国男　一九三六ｂ　「食制の研究」『食物と心臓』（同前）
柳田国男　一九三六ｃ　「身の上餅のことなど」『食物と心臓』（同前）
柳田国男　一九四〇　「米の力」『食物と心臓』（同前）
柳田国男　一九四六　『祖先の話』（『定本柳田国男集』第一〇巻、所収）
柳田国男　一九四九　「年中行事」『年中行事覚書』（『定本柳田国男集』第一三巻、所収）
柳田国男　一九五〇　「年神考」『新たなる太陽』（同前）
柳田国男　一九五三　「稲の産屋」『海上の道』（『定本柳田国男集』第一巻、所収）
柳田国男　一九六一　『海上の道』（同前）
山田厳子　一九八六　「作物禁忌・食行為に関する禁忌伝承」『富士吉田市史研究』一号
山田雪子（安渓貴子・安渓遊地編）　一九九二　『西表に生きる』ひるぎ社
横須賀史学研究会編　一九八二　『浜浅葉日記（三）』横須賀市立図書館
横須賀史学研究会編　一九八三　『浜浅葉日記（四）』横須賀市立図書館
横須賀史学研究会編　一九九〇　『浜浅葉日記（五）』横須賀市立図書館
渡部忠世・深澤小百合　一九九八　『もち』法政大学出版局

補　論―現代社会のなかのモチ文化―

はじめに

日本においては餅という語を使った故事や成語は思いのほか多い。「餅肌」「餅花」「棚からぼた餅」「絵に描いた餅」「餅は餅屋」など、すぐに思いつく。どれも餅の語はプラスイメージで用いられていることに特徴がある。とくに白い餅は、美しさや美味しさを、さらにはそこから展開して、緻密さや清浄さ、また幸運といったことを象徴している。日本人の餅に対するイメージがよく現れているといってよかろう。

科学技術が発達した現代にあっても、日本人にとって前記のことをすべて包括し、餅に代替できるものは存在しない。現代においてモチが今なお拡大し続けているのはそのためであるといってよい。

現代社会の中にあって、モチは変化し、その用い方も多様化している。その様相について、モチそのものの変化とともに、その代表的な食習の一つである雑煮に注目してみてゆくことにする。

モチとは何か、本書の冒頭「まえがき」で述べたように、大きくは、①種（しゅ）としてのモチ、②民俗としてのモチ、とに分けることができる。そして、現代においては、第三の類型として、③商品としてのモチが大きな意味を持つようになってきている。本稿の具体的な目的の一つは、この第三の類型について分析し、従来からある第一・二類型のモチとの関係を考察することにある。

そうしてもう一つの具体的な目的は、現代社会にあって、ライフスタイルや家族のあり方また家の継承といったことが大きく変化してきているとき、かつて家を映し出す鏡であった雑煮がどのように変遷し現代に受け継がれてきているのかを明らかにすることである。

1　モチとは何か—現代において再び問う—

（1）　第三のモチの登場

現代においてモチは、前述のごとく、①種としてのモチ、②民俗としてのモチ、③商品としてのモチ、に大別される。この三類型の関係を示したのが図「現代におけるモチ文化の構造」である。

①はイネ科の穀物に見られるもので、ウルチ種とは別に、モチ性を有するもの、つまりモチ種をさす。通常、穀物に含まれるデンプンはアミロースとアミロペクチンで構成されているが、このうちアミロペクチンが一〇〇％またはそれに近いときにモチ種となる。逆にいえば、アミロースが含まれると、それはウルチ種になってしまう。

この類型は農学上のモチと言い換えることができ、もっとも厳密で狭義なモチの規定といってよい。作物としてはモチ種はコメ、アワ、キビ、モロコシ、トウモロコシ、オオムギ、ハトムギで知られるが、後述するように、近年になってコムギとヒエにもモチ性の品種が創られた。しかも、モチ種の開発は、イネ科の穀物以外にも、ジャガイモやエンドウといった作物にも及ぶようになった。コムギとヒエの場合、モチ種の開発は日本においてなされたもので、そのことはいかに日本人が食物としてモチを強く求めているかを示す出来事であるといってよかろう。

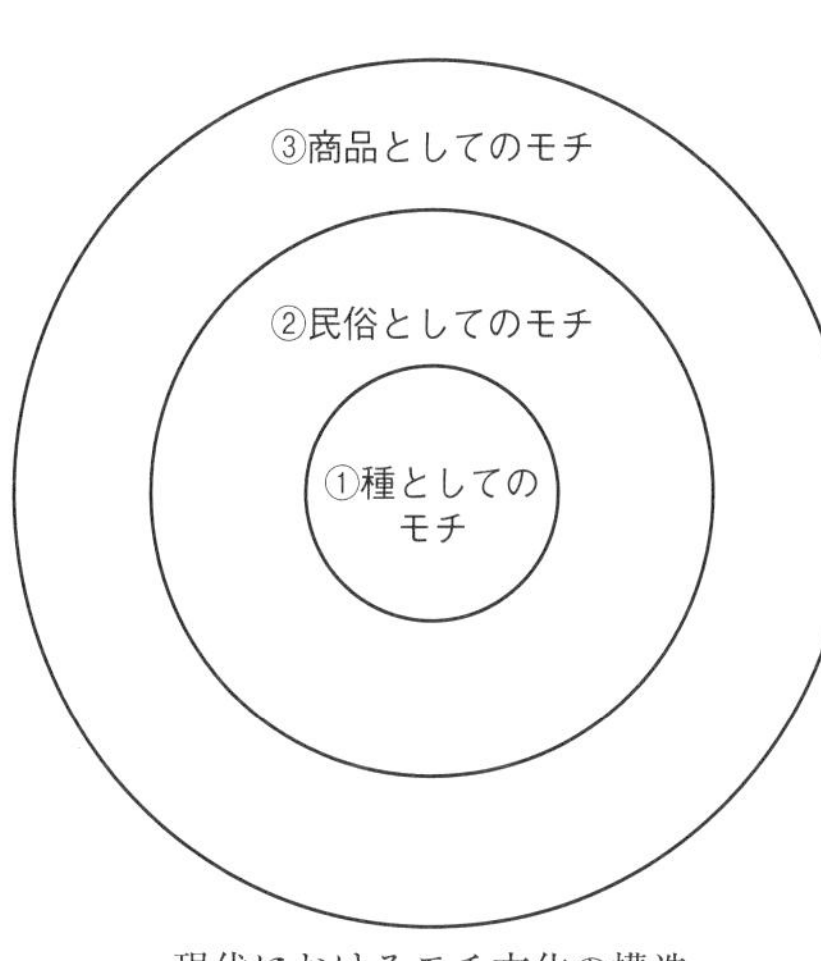

現代におけるモチ文化の構造

一方、②はモチ性を持たない植物（作物）についても、調整や調理の段階で工夫を凝らすことで、モチモチとした食感をえられるように工夫するものである。それはモチを作り出す民俗技術といってよい。①ほど厳密ではないが、それだけに現実の民俗世界においては実態を反映した意味のあるモチの規定であるといえ、日本において一般にモチとされるのはこの段階まで含むものである。農学上の制限を超え、日本人のモチを食べたいという欲求が生み出した民俗の知恵といってよい。一例をあげると、ソバにはモチ種はないが、いったん粉に挽いてから熱湯でかき混ぜたものをカイモチやケーモチと称するところは多い。つまり、図に則していえば、民俗としてのモチは、種としてのモチを包含しつつ、さらにその外側に拡大して存在する。

さらに、③は植物性の食物だけでなく、動物性の食物へ、さらには工場生産される食品にもその範囲は及んでいる。本来は、②段階のように日本人が日常生活の必要から生み出したものであったが、第二・三次産業人口が圧倒的多くを占める社会となり、また都市的生活が一般化する中にあって、商品としてのモチは日本人にとってより重要な意味を持つに至った。その意味で現代はモチについて新たなステージに移行したと考えてよく、商品としてのモチを図のごとく独立させ第三の類型とした。

当然、③は現代とくに高度経済成長期以降において大量に生み出され、かつ①②に比べると増加の傾向が著しいという特徴を持つ。それはたんにモチモチとした食感を求めるための工夫という範囲を超え、餅のような食感を持つことがその商品の付加価値として評価されるという現象を生む。たとえば餅チョコや餅うどんがその典型である。また、餅のような食感が商品の付加価値とされることと連動して、たとえばモチカツオ（餅鰹）やモチブタ（餅豚）のように積極的にブランド化が進められるものまででてきている。さらに言えば、詳しくは後述するが、そうしたブランド化は、より高い商品価値の獲得をめざして、③のモチのみならず、それに関連した周辺技術の洗練化を促している。

以上、図に示したように、現代社会におけるモチは、①を核としてその外側に②が及び、さらにそれらを包含する形で③が今まさに拡張している状況にある。その意味でこの図は三類型の相対的な関係を示すものであるとともに、現代社会におけるモチの動態を示すものともなっている。

(2) 変化するモチ

①種としてのモチは、長い時間をかけて少しずつ拡大してきた。それは一年に一度しか結実しない植物(イネ科穀物)を人が何年もかけて交配させ選抜を繰り返しながら育種してきたものだからである。それが、現代に入ってからは③商品としてのモチの拡大に呼応する形で、モチ性を持った作物の開発スピードは劇的に速まった。たとえば、人類史上長いあいだイネ科穀物のモチ種は七種に限られていたが、一九九五年にコムギ、二〇〇三年にはヒエにおいて、それぞれモチ種が日本において開発されている。このうち、コムギは遺伝子レベルの解析に基づいた育種により、またヒエはガンマ線照射による突然変異を利用してなされたもので、そうした新たな科学技術の導入によりモチ種開発のスピードは飛躍的に増した。そしてなにより、こうしたモチ種拡大の原動力が日本人のモチへの強い嗜好にあったことはいうまでもない。

また、③は、やはり日本人の嗜好を背景にモチに対する潜在的需要を掘り起こそうとさまざまに商品化されてきたもので、その範囲は現代に入ってから急激に拡大した。前述のごとく、餅うどんや餅チョコをはじめ、モチブタやモチカツオなどそれはさまざまな食品の分野に及ぶ。そして、そうした新たなモチ食品の開発に牽引される形で、その素材としての①を開発する動きも活発化していった。

コムギやヒエのモチ種はそうして生み出されたものである。

そうしたとき、②民俗としてのモチは①・③とは逆に、縮小の動きの中にあるといってよい。元来、②のモチは日常の食料として常民レベルにおいて工夫されてきたものである。その眼目は、あまり美味しくない素材を少しでも美味しく食べるための工夫であったり、また食糧が不足がちな暮らしのなかではその嵩を増やすための工夫であったり、さらに言えば食糧不足に陥ったときの救荒食料にもなっていた。

いわば、①や③のモチが全国的また世界的に共有されるものであるのに対して、②はその土地土地の環境条件や民俗性といったものを背景に細やかな地域性をもって発達してきたものである。たとえば、同じカキモチと呼ばれる食物でも、用いられる食材や調理法は地域により異なっており、結果としてその意味するものは多様となる。そのように、②はその土地土地の暮らしを反映して多様化してきたが、現代に入りその範囲は縮小してきたといってよい。それは、現代においては生活様式が均一化し、かつ食料の多くが工場生産されることで食の地域差というものが小さくなってきたためである。

また一方で、③の範囲が拡大し続ける現代にあって、②のモチはその意味がかつてとは異なるものへ変化してきている。かつての、不味いものを美味しくしたり、乏しい食料を補うといったことから、ダイエットや健康のため、また食物アレルギーへの対応といったことへとその存在意義が変わってきている。かつて民俗世界で開発されたモチは現代における存在意義を大きく変えることで、結果として新たな③の商品を生み出すきっかけになっている。

①・②・③のそれぞれ変化するスピードを比べると、①はもっとも長い時間がかかり、その逆に③は短時間でなされる。②は①よりは短いが、③よりは長い時間を要する。それは、①についていえば、人がイネ科穀物を長年にわたって栽培し、モチモチ感の高いものを繰り返し選抜してゆくなかで固定化されていった形質だからである。とくにイネとトウモロコシではモチ性の獲得には人による強い選抜が働いたといわれている（福永二〇一九）。その意味で、①のモチにとってもっとも重要なことは、長期に渡って粘り強く栽培し続ける意思である。

それに比べると、③の段階は、いわゆる商品開発により生み出されるもので、農学的な意味でモチ性の獲得を待つ必要はない。そのため、現代社会において需要があるかないかが、③のモチが生まれるかどうかにとって重要な意味を持つ。需要が見込まれるとき、比較的たやすく既存の技術や素材を組み合わせることでそれは実現される。つまり、①のモチの場合、一度創られると固定的・不可逆的なものとなるのに対し、③のモチは一度作られても需要がなければすぐに捨てられる技術である。③段階のモチにとってもっとも重要なことは、消費者のニーズとそのマーケティングであるといってよい。

②の段階は、農学的にはモチ種でないものを食物とするとき、モチのような食味を求めることが生み出した工夫であり民俗技術である。そうした工夫は、日常生活における製粉など調製段階から、ゆ

でたり蒸したりといった調理段階などさまざまな段階に及ぶ。素材自体を変えるのではなく、それに加える調製・調理段階の工夫により生み出されるモチである。その意味で、①と同様、②のモチも創造的なものであり、ゆっくりと時間をかけて醸成されてきた民俗文化であるといってよい。そうした工夫は多様なモチを創造する原動力となっており、それは民俗として家庭内において伝承されてきた。日本における豊かなモチ文化の基盤をつくるものといってよい。

以上みてきたように、日本におけるモチ文化の変化に関して、図に則していうなら、以下のようになろう。①は人類史上において長い時間をかけて少しずつその数を増やし、③は主に現代に入ってから登場したにすぎないが加速度的にその範囲を拡大している。しかも、現代における①の拡大は自律的というよりは、③により強く牽引されたものである。一方、②は①③の増加傾向とは逆に徐々に減少を続けている。日本でのモチ文化に関して、ひと言でいえば、民俗は廃れ、商品は拡大しているのが現代である。

2　拡大するモチ—モチ性品種の創造とモチ商品の開発—

(1)　新たなモチ性の獲得

イネ科穀類のうち在来品種にモチ性をもつのは、イネ、オオムギ、アワ、キビ、モロコシ、ハトムギ、トウモロコシの七種で、しかもそれが分布するのはインド北東部のアッサム地方より東の東南アジアと東アジアに限定される（阪本一九八九）。このうちトウモロコシはアメリカ大陸が起源地であるが、モチ性がみられるのは東アジア・東南アジアに限られており、明らかに伝播後にモチ種が生み出されたと考えられる。

通常、モチはウルチの対義語であるが、もともとモチ性はウルチ性から派生したものとされる（福永二〇一九）。人が長い年月、ウルチ種を栽培しながらモチモチとした食感を持ったものを積極的に選抜してできた結果としてモチ種は固定されたといってよい。

しかし、そうした状況が近年になって変化した。前述のように、それまでモチ性は存在しないとされていたイネ科穀物のコムギとヒエにモチ種が創り出されたのである。しかも、注目すべきことに、それは日本においてなされたものである。日本人の食にとってモチ性がいかに重要な意味を持っているかを物語る出来事であるといってよい。

日本では長い間、コムギについてアミロースの含有量を減らし相対的にアミロペクチンの割合を高めるための育種実験が繰り返されてきた。そして、ついに一九九五年、東北農業試験場（現在の東北農業研究センター）においてモチ性のコムギを育種することに成功する。一方で、それ以前から、民俗例としては、コムギモチやヤキモチなど、コムギを用いた「○○餅」と呼ぶ食物が日本の各地に存在した。つまり、農学的にはモチ種は存在しなくても、民俗的にはモチが存在したことになる。だから生物種としてのモチよりも食物としてのモチの方が広範囲に存在するのである。

同じムギの一種であるオオムギには昔から在来種にモチ種が存在したのに、どうして最近までコムギにはそれがなかったのか。また、それでいながら日本各地に○○餅と称されるコムギを使った食物が存在したのか。

その理由として、粒食されることが多いオオムギに対して、コムギの場合はいったん粉に挽かれてからさまざまに調理されてきたことが挙げられる。それはヒエにも言えることである。民俗的なモチの特徴は、たとえその作物がモチ性を持たなくても、調製や調理の段階を工夫することで、モチモチとした食感を作り出すことが可能なことにある。コムギの場合でいうと、小麦粉に水を入れてこねることでグルテンが形成されるが、それを焼いたり茹でたりすることで、その食物に弾力性と粘着性を生み出すことができる。

モチ性のコムギの場合、一九九五年にはじめて育種されたとはいっても、実験のうえで創り出すことに成功したにすぎない。当然、それは農家経営に見合うだけの栽培品種とはなってない。そうするためには、収量や製粉のしやすさ、色味などをさらに改良する必要があり、それがなされて初めて社会の中に受け入れられる作物となる（山本・森二〇〇九）。こうして最初のモチ性コムギの誕生から約一〇年の改良を経て品種「もち姫」が作出された（国立遺伝研究所 online：12.pdf）。

また、ヒエの場合は、二〇〇三年に岩手大学農学部により、アミロースをまったく含まないモチ性の品種が開発されている。これは、ガンマ線を照射することで突然変異を起こさせたものである（農業生物資源研究所二〇一〇）。こうして創られたモチ性ヒエの品種が「長十郎もち」である。その後、モチヒエの商品化とその拡大のため、製菓メーカーにより委託栽培されているが、コムギほど商品化は進んでいない。

ヒエの場合も、グルテンこそ形成されないが、これまで民俗例としてはヒエを粉にしてから団子状にしてゆでたり、餅米を混ぜて搗くなどしてヒエモチやヒエダンゴが作られてきた。それがモチ性品種の登場により本当の意味でヒエでモチを作ることが可能になったといってよい。

なお、前述のように、モチ性を持った作物の育種は、穀物だけにとどまらない。ジャガイモやエンドウといった野菜にも及んでいる。その場合は、コムギやヒエのようにもともと有していたデンプンの組成を改変することでモチ種を生み出したのではなく、一から創り出されたモチ性品種ということになる（福永二〇一九）。

(2)「モチカツオ」と「モチブタ」

モチは現代社会において新たなステージを迎えたといってよい。それが、商品としてのモチの台頭である。民俗としてのモチが、人びとのモチへの欲求により生み出されたものとするなら、商品としてのモチにも同様なことが言える。しかしその一方で、商品としてのモチになると、たんにモチへの欲求により生み出されたというよりは、そうした欲求を喚起し需要を掘り起こすべく進められた商業活動とすべきだろう。したがって、商品としてのモチの場合、民俗としてのモチのようにそれを実際に食する人自身が作り出すことはない。商品としてのモチの場合、必ず消費者と供給者の両者が存在することに特徴があり、その点が民俗としてのモチとの決定的な違いである。以下、モチカツオとモチブタを例にして、もう少し具体的に検討してみよう。

春先に獲れる餅のようにねっとりとした食感を持つ生のカツオをとくにモチカツオと呼んでいる。水揚げされてすぐ、まだ身が硬直していないものを指す。脂ののりや身質から、秋に獲れるモドリガツオと対照される。分類学上カツオは一属一種であり、当然、モチカツオもモドリガツオも種としては同じカツオである。

現在、モチカツオについてブランド化を進めているのが、舞阪（静岡県浜松市）と周参見（すさみ）（和歌山県すさみ町）である。両者は、同じモチカツオと呼んでいても、その基準は細部で異なっており、互いに意識して差異化がなされている感がある。

静岡県と和歌山県はともに昔からカツオ漁が盛んで、それだけにカツオの食文化も発達している。当然、カツオの味についてもうるさい。そうした背景があってモチカツオのブランド化がなされたと言ってよい。とくに静岡県は、舞阪のほか、焼津や清水といったカツオ漁が盛んな漁港を多く持ち、カツオの漁獲量は長らく日本一で、県民による消費量も多い。

舞阪のカツオは曳き縄釣りという擬餌針を用いた漁法により一本ずつ釣り上げられる。しかも水揚げ後は凍らせることなく保冷庫の中で冷やして運ばれるため、身が硬直する前のものを市場に出すことができる。春先に獲られるそうしたカツオのみがモチカツオとして取引されている。さらに料理店でモチカツオが供されるときには、その鮮度や食味を強調して「モチウマガツオ（餅旨鰹）」と称されることもある。

近年では、舞阪のモチカツオは地元のみならず遠方にまで知れ渡っており、商標登録こそされてはいないが、市場ではブランドとして扱われている。舞阪港に水揚げされたカツオは、モチカツオとして浜松市場の三倍の値がつくことも珍しくないため、中央市場たる浜松市場を通らずに、ほとんどが場外に流通するようになっている。そのため、浜松市内の需要を満たせず、スーパーに卸すカツオを浜松市場では域外から仕入れなくてはならないということも起こっている（魚価安定基金二〇〇九）。

そうした舞阪に対し、周参見では曳き縄釣りの一種であるケンケン漁でカツオを獲っている。カツオを釣り上げると、その都度、頭を船の桟にぶつけて即死させ、海水の入ったバケツに頭を下にして入れて血抜きをし、その約一〇分後に氷水に入れて冷やすという手間をかけて活け締めにする。ケンケンで釣り上げられ、かつ一本ずつ丁寧に活け締めにされたカツオを、周参見港の所属する和歌山南漁業協同組合では「すさみケンケン鰹」という名称（地域団体商標）を付けてブランド展開している。こうした地域団体商標が付けられる以前から、周参見のケンケン釣りで春先に獲られたカツオはモチカツオとして知られていたが、ここに至りさらにブランド名を持つことになったと言えよう。

静岡県や和歌山県のみならず、モチカツオ（モチガツオ）という名称は、春先に近海で漁獲され、かつモチモチとした身質の生カツオの代名詞として日本各地で使われる。たとえば、宮城県気仙沼では、春漁期の最初（新口）に獲れる大物だけを指してそう呼んでいるし、千葉県勝浦で水揚げされるカツオも時期を限定してモチカツオの呼び名で販売されている。そうした例は、漁業者というよりは、市場や仲買・小売といった流通段階での命名である可能性が高い。

それに対して、舞阪や周参見では、市場など流通業者と漁業者との共同によりブランド化が成し遂げられている。漁業者の協力なくしてブランド化はありえない。なぜなら、漁業者はブランド化を意識して、漁法や魚の締め方などの技術を洗練させる必要があるからである。そのことは、ブランドとしての知名度を高め、かつ高価格でも安定した需要を生み出すには不可欠なことだと言えよう。

また、モチカツオにおいては、季節性がそのブランド化にとっては大きな意味を持つ。この点は、他の商品にはみられない特徴である。つまり、モチカツオは、春先に獲れるカツオに限定される。また、そのとき、曳き縄（ケンケン）という漁法により漁獲されることがやはり大きな意味を持つ。このほか活け締めの方法も厳しく問われる。つまり、漁期と漁法また魚の扱い方といったことが強く規定されることで、カツオは他の産地と差別化が図られ、かつモチの名称を冠しても恥ずかしくない品質を保つことができる。

こうして知名度を増しブランド化されるモチカツオにあやかって、最近ではメバチマグロやキハダマグロまたビンチョウマグロといったクロマグロ以外の安価なマグロにモチの名称を冠する動きが出てきている。クロマグロの場合はトロにより市場価値が評価されるが、トロで勝負したのでは他のマグロははるかに低い評価しか与えられない。そのため、クロマグロ以外のマグロでは、トロで競うのではなく、モチモチとした食感を持つ赤身の方をアピールしようとモチマグロの名称を使っている。この動きは、クロマグロ以外のマグロのしかも赤身を売り出すための販売戦略といってよい。

以上、魚のモチ化について検討したが、さらにモチ化の動きは四肢動物の肉にも及んでいる。食肉業界では、搗きたての餅のようなモチモチとした肉質を持ち、脂身のおいしいブタを昔からモチブタと呼んでいたが、だからといって特別な規格が存在したわけではなかった。

そうしたなか、一九七八年に全国八五軒の養豚家が共同して会社を作り、モチブタを規格化しその計画的生産をおこなうようになった。具体的には、ランドレース種（雄）とラージホワイト種（雌）を掛け合わせたF1の雌とデュロック種の雄を掛け合わせて誕生したのが「和豚もちぶた」で、飼料や飼育環境、肉質管理等を工夫することでブランド化（登録商標）がはかられた（グローバルピッグファーム online : biz-breeding.html）。現在では、そこからさらに、「越後もちぶた」のブランドも生まれている。

まさに、「モチ」は肉や魚においてはブランド化をはかったり、またそれまで低迷していた市場価値を高めるためのキーワードとなっている。こうしたことも、現代社会において「モチ」が有する潜在力であるといえよう。

3　多様化する雑煮―解き放たれた雑煮―

（1）雑煮の地域差と時代差

雑煮をめぐっては二〇〇〇年代に入ってから大きな出来事があった。現代の雑煮を語るには無視できない出来事である。その出来事とは、文化庁により二〇〇五年になされた「お雑煮一〇〇選」(注1)の選定である（文化庁二〇〇五）。それは二〇一三年に和食がユネスコの無形文化遺産保護条約に登録される布石に位置づけられると筆者は考えている。ここでは、選定のときおこなわれた調査と併せて、クロス・マーケティング社による「二〇一八年のおせちに関する調査」(注2)（クロス・マーケティングonline：ose20171206/?Download）を参考にして、雑煮の現在をみてゆくことにする。

「二〇一八年おせちに関する調査」によると、多くの年中行事が簡略化されたり無くなったりしているなか、約九七％の人が正月には雑煮を食べているという。その意味で、価値観や嗜好が多様化するとされる現代にあっても、正月の雑煮は日本というレベルで強い共通性と一体感を持ち続けているといってよい。

と同時に、「二〇一八年おせちに関する調査」の結果をみると、雑煮は国内において地域差および個人差が明瞭に出る食物だということも改めて理解される。たとえば雑煮に入れる餅の形は、東日本（北海道、東北、関東、甲信越、東海）はいずれも角餅が八割を越えるのに対して、西日本（近畿、中国、四国、九州・沖縄）は丸餅が主流となる。なお、北陸は角餅と丸餅が拮抗しており、やや角餅が多い。また、汁の味については、近畿以外では醬油仕立ての割合がもっとも高く全国では八割弱の割合となる。それに対して、近畿では味噌仕立てがもっとも多いが、醬油仕立てもほぼ拮抗している。以上の点は、「お雑煮一〇〇選」の調査でもほぼ同様の結果が得られている。

そう考えると、雑煮という食物が存在し、それを正月という年頭の儀礼には欠かせない食物とする地域は「日本」そのものである。その意味で同質性が高いといえるし、ときには「お雑煮一〇〇選」に代表されるようにさまざまなメディアで「日本人」のアイデンティティーとも関わらせて取り上げられたりする。その一方で、日本国内に目を向けると、雑煮の餅は丸餅か角餅か、餅は煮るか焼くか、汁は醬油仕立てか味噌仕立てか、など地域差が明瞭となり、しかもそれにより日本はきれいに東と西（または関東と近畿）に色分けできるとされる。

こうした雑煮にみられる同質性の高さと明快な地域差といったことは、現在に至る歴史つまり時代性を考慮するとかなり違った様相を示すことはあまり知られていない。時代をさかのぼると、これまで共通すると考えられてきたこと、たとえば雑煮が食されるのは正月であるというのは明らかに間違いであること、さらには雑煮という名称そのものが全国共通ではないことが明らかとなる。

また、餅の形や汁の味といったことに現れる地域差も過去においてはけっして今ほど明瞭ではない。実のところ過去に編纂された民俗調査報告書をみてみると、そのなかに例外を見つけ出すことはたやすい。

では、なぜ上記のような東西差が強調されるようになったのであろうか。それはひと言でいえば、現代において急激に進んだ餅の商品化とマスメディアの影響が大きい。

現在、年末が近づくと、いろいろなところで雑煮の地域差が語られる。とくにマスメディアでそれが取り上げられることは多く、わざわざテレビや雑誌などで特集が組まれることもある。そうしたマスメディアの中で描かれる雑煮は、先に挙げたような地域差がことさら強調される。東の角餅と西の丸餅、また東の焼き餅と西の煮餅、等さまざまである。ただどれもごく限られた範囲での体験やイメージによる談義が多く、確たるデータや論証に基づいたものはほとんどない。

雑煮の場合、じつは時代差が大きく作用し、雑煮が記録された時代によって地域差の様相は異なってくる。そのため、地域差を語るには、時代差についても同時に検討する必要がある。

たとえば、本書にも取り上げた近世末の農民日記「浜浅葉日記」を分析すると、雑煮は正月に限らず、六月や八月また一一月にも食されていたことが分かり、しかも切り餅（角餅）が用いられるのは正月（一四日まで）だけで、他の機会は丸餅であった可能性が高いことがわかる。つまり、現在でいえば浜浅葉家は関東（神奈川県横須賀）にあるため、雑煮の餅は角餅でなくてはならないはずだが、年間を通すと丸餅と角餅が併用されていたことになる。

本書でも論じたように、雑煮は神祭りにおいて神に供えたさまざまな物を下ろしてきて煮炊きし神人共食するための儀礼食つまり直来の食物であった。それを裏付けるような報告も「お雑煮一〇〇選」の中にはあった。一例をあげると、群馬県のある家では、正月の雑煮は、辛みダイコンと鏡餅をまるごと大鍋に入れ味噌で煮込んで作るとされる（「お雑煮一〇〇選」調査データ）。これは現代においても、東日本で丸餅（鏡餅）が雑煮に用いられる例といえよう。また、神祭りの供物なら、東西にかかわらず餅は丸い形が一般的であり、その意味で直会の食である雑煮の餅は本来は丸であったと考えられる。

（2）雑煮にみる家の個性

現代の雑煮を考える上で、時代性とともに重要なことは、その家オリジナルな雑煮の存在つまり家ごとの個性である。もともと雑煮は年頭に食される儀礼食であるため、家例（かれい）が反映されやすく、その家系に独自の味付けや作り方が伝承される傾向があった。しかし、現代ではそれに加えて家庭ごとのオリジナルな雑煮も多く作られるようになっている。それは、それまでの家例を継承することとはまったく異質な家の個性の表明ということになろう。いくつか「お雑煮一〇〇選」の事例から取り上げてみよう（文化庁二〇〇五）。

○これまではタイを入れた「博多雑煮」を作ってきたが、自分の代になり、タイの代わりに塩抜きを

して臭みを取ったブリを入れ、また家族に酉年生まれがいるので博多雑煮にはつきものの鶏肉を入れなくした。（福岡県福岡市）

○大晦日に食べたとんかつが残っていたため姑が元日の雑煮に入れた。それが家族に好評で、それ以来雑煮にとんかつを入れるようになった。雑煮には、とんかつのほかキノコ類を入れるのが当家の特徴だが、当代になってからさらにイクラも入れるようになった。（新潟県新潟市）

○ちゃんこ鍋をアレンジした「鍋雑煮」を作る。一人前の鍋に鶏ガラスープを入れ地元の野菜を入れて煮た後、油で揚げた餅を入れる。（北海道）

○もとはすった豆腐と餅だけを入れたすまし汁の雑煮であったが、そこに春を待つ気持ちでホウレンソウを入れるようになった。それを「白雪雑煮」と呼んでいる。（茨城県）

○長ネギと馬肉だけを入れた醬油仕立ての雑煮を作っていたが、夫婦二人だけになってからはそこにイクラや白魚、ミツバなどを好みでトッピングをするようになった。（長野県上田市）

○七福神にちなんで茹でたアズキ、ミツバ、青みダイコンなど七種の具を入れた「福々雑煮」を作る。アズキは「健康」、輪切りの野菜は「丸く収まる」、結んだミツバは「家族の絆」をあらわし、縁起のよい昆布茶を隠し味に入れる。これは、姑から教わった京風の雑煮と、妻の出身地である鳥取のぜんざい雑煮からヒントを得て工夫したものである。（和歌山市）

続いて、単純な地域性では割り切れないこととして、一家でありながら複数の雑煮が作られる例も実のところ多い。こうしたことも、そのほとんどは家例として伝承されている。なかには、同じ家の雑煮でありながら、醬油仕立てと味噌仕立ての両方が作られたり、角餅と丸餅が使われることもある。いくつか「お雑煮一〇〇選」の事例から上げてみよう（文化庁二〇〇五）。

○雑煮は醬油味の汁で作るが、日によって付けるタレの味が異なる。元日はゴマダレ、三日はクルミダレに付けて雑煮餅を食べる。なお、二日は雑煮ではなく白いご飯を食べる。（岩手県下閉伊郡）

○元日は、大阪出身の夫側に伝わる醬油仕立ての「ブリ雑煮」（出世魚のブリを入れた雑煮）、二日には妻側の白味噌の雑煮を食べる。（岡山県倉敷市）

○元日は白味噌の雑煮、二日はすまし汁の雑煮を作り、七日の七草粥や一五日の小豆粥には焼いた餅を入れる。（奈良県北葛城郡）

○元日は茹でた丸餅を入れた白味噌の雑煮、二日はイリコ出汁のすまし汁に焼いた角餅をを入れた「焼き雑煮」を作る。元日の雑煮には、舅の実家（奈良県）風にきな粉を用意し、好みで雑煮の餅にまぶして食べる。（兵庫県西宮市）

○元日は祝い膳といって餅米の白蒸しと、塩ぶりやゴボウを入れたすまし汁の椀もの、二日は味噌雑煮（白味噌の雑煮）、三日は菜雑煮（ミズナを入れた醬油仕立ての雑煮）、四日はフクアカシ（三が日の残り物に供え餅を四つ割にして入れて作る白味噌または醬油仕立ての雑炊）を作る。この正月四日間のことが一つの決まり事として家に伝承されている。（大阪府東大阪市）

○元日は夫方の「のり雑煮」で、二日は妻方の「あずき雑煮」を作る。三日は好きな方を食べる。「のり雑煮」も、「あずき雑煮」もともに出雲地方の代表的な雑煮とされる。（鳥取県米子市）

○嫁いだころは、元日は醬油仕立て、二日は京都で覚えた白味噌仕立て、三日は実家のある長崎県島原市の「具雑煮」を作っていたが、今は来客の好みに合わせて雑煮を作っている。（長崎市）

(3)　雑煮の現在

雑煮の地域差とくに東西差は、コマーシャリズムとマスメディアにより増幅された感がある。そこに時代差の考えはなく、地域ごとの特徴（地域性）は固定的で昔から続くものという前提がある。一方で、「お雑煮一〇〇選」の応募作をみると、通常とは異なる分布たとえば西の角餅・東の丸餅という例や丸餅と角餅の雑煮を両方とも食べる例などさまざまあり、その中には丸餅から角餅に代わったという報告も散見される。時代差の視点を入れると、固定化した地域差とはまた違った雑煮の多様性が見えてくる。

雑煮の地域差は、自分の家で餅つきをしなくなり、椀に入る大きさに加工された餅を商店で購入するようになってから、ことさら強調されるようになったものである。つまり、商品として餅が流通するようになってから顕著になった変化といってよい。そうした商品としての餅は、西日本では丸餅、東日本では角餅に統一されることで、さらに地域差の意識は増幅・強化された。

時代差の観点に立てば、たえず変化してきた雑煮ではあるが、現在また大きな変化の時期を迎えているように思う。それは、正月における神観念の欠如のみならず、家族形態や家意識の変化、また社会における女性の役割が変化したことがその大きな要因となっている。

かつて雑煮は家の例（ならい）を強く反映した食物であった。こうした家意識のもと家例を反映して雑煮は家ごとに個別化し、結果として多様化が進んだのは事実である。だからこそ、結婚すると嫁は夫方の味を主婦として受け継がなくてはならなかった。しかし、実のところそうした男中心の雑煮は、庶民の間ではおそらく明治時代に家制度が強く意識されてからのことである。本来、雑煮はもっと自由で多様な食物であったと考えられる。

現代になされた「お雑煮一〇〇選」からは、自由で多様な雑煮の片鱗を見て取ることができる。地域性を語る上で定番の餅の形や汁の味といったこと以上に、具材や調理法など細部まで入れると、応募総数二七四件のうち一つとして同じものがなかったといってよい。雑煮とは本来そうしたものであったと考えられる。

前掲の事例のように、結婚を契機として夫方と妻方の家例を折衷した雑煮が作られたり、また夫側と妻側の雑煮が三が日の中で交代に作られたりする。なかには、最初は夫側の雑煮だったものが、いつの間にか妻側のものに代わってしまっていることもある。そうした変化は子どもの誕生を境にしていることが多く、それは妻側からすると母親となることで嫁という意識が薄れて行く結果といえるかもしれない。さらには結婚を機に分家したとたん、本家とは異なる雑煮を作るようになることも珍しくない。こうしたことも現代における雑煮の多様化を示す指標となろう。

そうした一家の雑煮の変遷に関して、「二〇一八年のおせちに関する調査」をみると興味深いことが分かる。どの地域の雑煮を食べているかを問うたものである。もっとも多い回答が「現在の居住地」で全体の五二・三％あるが、注目されるのは「夫の出身地」「妻の出身地」という回答である。それぞれ全体の八・八％、八・一％ある。これを性年齢別の割合でみてみると、「夫の出身地」と回答したのは、二〇歳代九・五％、三〇歳代一六・九％、四〇歳代一九・五％、五〇歳代一九・一％、六〇歳代二三・四％、となっている。それに対して、「妻の出身地」という回答は、二〇歳代〇・五％、三〇歳代一〇・四％、四〇歳代一九・八％、五〇歳代二〇・七％、六〇歳代二九・三％、となっている。二〇歳代では夫の出身地が妻のそれに比べると圧倒的に多く、そうした夫が妻を上回る傾向は三〇歳代まで続くが、四〇歳代以降になると、今度は妻の出身地の方が夫のそれよりも多くなる。その増減の変化は加速度的である。

こうしたことから、二〇歳代の結婚した当初は夫側の雑煮を作る傾向が高いがその割合は徐々に減っていき、四〇歳代になるとその傾向は逆転して、その後は妻側の雑煮を作る割合が加速度的に高くなることが分かる。こうして統計的にも、夫婦を一つの単位でみた場合、先に指摘したように、長い人生の中では夫側の雑煮から妻側のものへと、家庭の雑煮は変化する傾向にあることが明らかにされた。

「お雑煮一〇〇選」の調査において、応募者の家族構成をみると、平均が三・二人で、もっとも多い階層は二人家族（二七四例中七一例）であった。このことをみても、夫婦が家の構成単位として大きな意味を持っていることは明らかである。姑から嫁へまた舅から婿へというような異世代間で家を継承する意識は薄くなっているといえよう。

さらには、前掲のように、男系にしろ女系にしろまったく家意識というものを欠いた雑煮、つまり創作雑煮のような、個人の嗜好を強く示す雑煮も多く生まれてきている。過去の家例にこだわることなく、家族が好きだからという理由で「トンカツ入り雑煮」を創っている家もある。また、ちゃんこ鍋にヒントを得たという鶏ガラスープを用いた「鍋雑煮」も創作雑煮の一つといってよかろう。

こうした独創的な雑煮の場合、おそらくそれは後々に伝承されることのない、当代の人にしか意味のない雑煮ということになろう。そのように現代において、家制度のしがらみから解き放たれようとするとき、自然葬や夫婦墓のように墓や葬式をめぐる昨今の風潮と同様、雑煮はかつて持っていた自由さや多様さを取り戻しつつあるように見える。

4　世界における日本のモチ文化—おわりに—

これまで本論で検討してきたように、現代社会においてモチは変容しつつ、日本においては今なお拡大し続けている。その食べ方もしかりである。

日本におけるモチ文化の特徴は、商品としてのモチにあるといってよい。モチは商品となることで、モチ性の穀類のみならず、モチ性のない植物や動物性の食物まで含み込み大きく展開した。核心部のモチにおいてさえ、近年のコムギやヒエのモチ種の開発に見られるように、それは商品化が前提にあるといってよい。それは、言い換えると、モチの文化資源化の動きである。

農学の研究成果をもとにして描かれた世界のモチ文化圏図（阪本一九八九）を見ると、その起源センターは稲作農耕および照葉樹林文化のそれとほぼ一致する。しかし、それは本稿で言うところの核心部のモチ（①種としてのモチ）のセンターにすぎない。しかもそれは歴史的には商品経済や貨幣経済の成熟する以前の姿であったといってよい。

しかし、現代にあっては、日本において核心部のモチ（図の①）が開発されるとともに、もっとも外縁に位置づけられる商品としてのモチ（図の③）が多方面にわたりかつものすごいスピードで開発されている。そのことを考えると、商品としてのモチまで含めるなら、もはやモチ文化圏のセンターは日本に移ってきているといってよいであろう。

日本は農学が描くモチ文化圏では縁辺にあり、かつもっとも北方に位置する。とくにもともと熱帯の植物であったコメにとっては栽培の限界に近い北の端にあるといってよい。つまり、日本は①種としてのモチの栽培限界に近いからこそ、さまざまに知恵を絞り工夫を凝らすことで、②民俗としてのモチを発達させてきたということもできよう。日本列島をみてみると、北海道はモチ文化圏の外にあるが、たとえばジャガイモモチのような②のモチは存在している。さらにえば、現在そうした②および①の存在を背景にして、日本では③商品としてのモチが急激に拡大している。そして、③の拡大に牽引されるかたちで①の新たな開発も促進されたといえよう。

品種としてモチ種が創作されるのは「世界の中のモチ」を象徴する出来事であるのに対して、商品としてのモチが創意されるのはいわば「日本の中のモチ」の独自性を示すものである。ただし、「世界の中のモチ」を象徴する新たなモチ種の開発も、その背景には日本におけるモチの文化資源化があったわけで、その意味で世界の中のモチもやはり日本が促した動向であるといってよかろう。

注

(1)「お雑煮一〇〇選」の企画には筆者も選考委員として参加している。全国から一般公募された二七四点のなかから一〇二点が選ばれた。全国規模の調査としては件数はさほど多くはないが、一件ごとに詳細なレシピと由来・伝説等が調査されており、その報告は現代の雑煮を知る上で有意義である。ただし、こうした試みは国が民俗文化を序列化し、またそれにより選ばれたものは望むと望まざるとにかかわらずある種の権威をもつことになる点は注意を要する。

(2)「二〇一八年のおせちに関する調査」では、まず全国の二〇歳から六九歳までの男女約一万人を対象にアンケートをおこない、それをもとにスクリーニングした上で二〇〇〇人を対象として本調査をおこなっている。同様の調査は二〇一四年からほぼ一年ごとにおこなわれており、現代の雑煮に関して定量的な分析をおこなうには有効である。

引用参考文献

・魚価安定基金　二〇〇六『水産物流通構造改革事業支援事業報告書—平成二〇年度—』魚価安定基金
・阪本寧男　一九八九『モチの文化誌』中央公論社
・農業生物資源研究所　二〇一〇『我が国における食料農業植物遺伝資源の活用事例』農業生物資源研究所
・福永健二　二〇一九「遺伝学から見たモチ性穀類の起源—モチの文化誌とモチの遺伝子—」『育種学研究』二一巻一号
・文化庁文化財部伝統文化課　二〇〇五『お雑煮一〇〇選』女子栄養大学出版部
・山本真紀・森恵理香　二〇〇九「新品種モチコムギの特性調査および製パン試験」『関西福祉科学大学紀要』一三号

オンライン文献

・クロス・マーケティング「二〇一八年のおせちに関する調査」
online：https://www.cross-m.co.jp/report/event/ose20171206/?Download　(2020.8.8)
・グローバルピッグファームＨＰ　online：http://www.gpf.co.jp/biz-breeding.html　(2020.8.8)

・国立遺伝研究所「コムギの話」 online：https://shigen.nig.ac.jp/wheat/story/eBook/data/12/src/12.pdf （2020.8.8）

本書の原本は、一九九九年に雄山閣出版より刊行されました。

索　引

[ア行]

[カ行]

［サ行］

[タ行]

[ナ行]

[ハ行]

[マ行]

[ヤ行]

[ワ行]

著者略歴
一九五九年　東京都生まれ
筑波大学大学院環境科学研究科修了
熊本大学文学部助教授、国立歴史民俗博物館教授、総合研究大学院大学教授を経て
現　在　神奈川大学国際日本学部教授、日本常民文化研究所所長、博士（文学）

〔主要著書〕
『水田をめぐる民俗学的研究　日本稲作の展開と構造』（慶友社、一九九八年）、『田んぼの不思議』（小峰書店、二〇一三年）、『都市と農の民俗　農の文化資源化をめぐって』（慶友社、二〇二〇年）、『日本の民俗4　食と農』（共著、吉川弘文館、二〇〇九年）ほか

餅と日本人
「餅正月」と「餅なし正月」の民俗文化論

二〇二一年（令和三）一月一日　第一刷発行

著　者　安室　知（やすむろ　さとる）
発行者　吉川道郎
発行所　株式会社　吉川弘文館
郵便番号一一三―〇〇三三
東京都文京区本郷七丁目二番八号
電話〇三―三八一三―九一五一〈代表〉
振替口座〇〇一〇〇―五―二四四
http://www.yoshikawa-k.co.jp/
組版＝株式会社キャップス
印刷＝藤原印刷株式会社
製本＝ナショナル製本協同組合
装幀＝渡邉雄哉

ISBN978-4-642-07132-1

読みなおす
日本史

刊行のことば

現代社会では、膨大な数の新刊図書が日々書店に並んでいます。昨今の電子書籍を含めますと、一人の読者が書名すら目にすることができないほどとなっています。ましてや、数年以前に刊行された本は書店の店頭に並ぶことも少なく、良書でありながらめぐり会うことのできない例は、日常的なことになっています。

人文書、とりわけ小社が専門とする歴史書におきましても、広く学界共通の財産として参照されるべきものとなっているにもかかわらず、その多くが現在では市場に出回らず入手、講読に時間と手間がかかるようになってしまっています。歴史の面白さを伝える図書を、読者の手元に届けることができないことは、歴史書出版の一翼を担う小社としても遺憾とするところです。

そこで、良書の発掘を通して、読者と図書をめぐる豊かな関係に寄与すべく、シリーズ「読みなおす日本史」を刊行いたします。本シリーズは、既刊の日本史関係書のなかから、研究の進展に今も寄与し続けているとともに、現在も広く読者に訴える力を有している良書を精選し順次定期的に刊行するものです。これらの知の文化遺産が、ゆるぎない視点からことの本質を説き続ける、確かな水先案内として迎えられることを切に願ってやみません。

二〇一二年四月

吉川弘文館